电力企业专利工作
指导手册

中国华能集团有限公司

中国华能集团清洁能源技术研究院有限公司　组编

中国电力出版社

CHINA ELECTRIC POWER PRESS

内 容 提 要

为了促进电力企业的技术创新和知识产权保护，特编写《电力企业专利工作指导手册》。本书共 7 章，第 1 章介绍专利基础知识；第 2、3 章介绍国内、国外专利申请流程、费用等知识；第 4 章介绍专利培育实务，包括专利检索、专利分析、专利导航、专利挖掘与布局、高价值专利组合等；第 5 章介绍专利管理实务，包括专利预警、专利侵权、专利保护与运营、专利风险管理、专利成果转化等；第 6 章介绍 TRIZ 理论在专利检索、分析、挖掘与布局中的应用；第 7 章为结语部分。

本书旨在为电力企业提供专利工作全流程的简明操作指导，力求做到简明扼要，易于理解，实操性强，为初次接触知识产权的企业相关人员提供了基础知识以及实际工作中不可缺少的实务知识。

图书在版编目（CIP）数据

电力企业专利工作指导手册/中国华能集团有限公司，中国华能集团清洁能源技术研究院有限公司组编. —北京：中国电力出版社，2022.3（2023.10 重印）
 ISBN 978-7-5198-7192-5

　Ⅰ．①电⋯　Ⅱ．①中⋯②中⋯　Ⅲ．①电力工业－工业企业管理－专利－中国－手册
Ⅳ．①F426.61-62②G306-62

中国版本图书馆 CIP 数据核字（2022）第 204248 号

出版发行：中国电力出版社
地　　址：北京市东城区北京站西街 19 号（邮政编码 100005）
网　　址：http://www.cepp.sgcc.com.cn
责任编辑：刘亚南（010-63412330）
责任校对：黄　蓓　常燕昆
装帧设计：王红柳
责任印制：钱兴根

印　　刷：北京天泽润科贸有限公司
版　　次：2022 年 3 月第一版
印　　次：2023 年 10 月北京第二次印刷
开　　本：710 毫米×1000 毫米　16 开本
印　　张：9
字　　数：142 千字
印　　数：2001—2500 册
定　　价：48.00 元

编　委　会

主　　编　许世森

副 主 编　徐　越　　任立兵　　申建汛

编写组组长　王晓龙

编写组成员　张少鹏　　张国荣　　王一丹　　曹秀敏　　梁瑞霏

　　　　　　　屠怡范　　孙乳笋　　李遥宇　　孙晓旭　　徐　浩

　　　　　　　秦　晔　　胡　琳　　张雨家

前 言

习近平总书记在党的二十大报告中强调，要以国家战略需求为导向，集聚力量进行原创性引领性科技攻关，坚决打赢关键核心技术攻坚战，要推进能源清洁低碳革命，加快规划建设新型能源体系，确保能源安全。碳达峰碳中和目标下，电力行业低碳转型、科技革新全面加速，智能化升级进程加快，多元化迭代蓬勃演进，迫切要求我国电力行业进一步加快关键核心技术和装备攻关，推动绿色低碳技术重大突破，加快构筑支撑能源转型变革的先发优势。

创新是引领发展的第一动力，保护知识产权就是保护创新。当前，电力行业作为技术、知识、资本密集型行业，正面临创新驱动发展的重要窗口期，多种技术路线齐头并进，多个学科交叉深度融合，创新成果日新月异，专利保护在激励科技创新、促进成果转化、增强企业竞争力中发挥的作用越来越重要。为了充分发挥专利对企业创新发展的引领支撑作用，必须不断增强企业专利创造、运用和管理能力，加快关键核心技术重点专利培育与布局，建立专利侵权预警、风险管控、保护运营机制。但目前电力企业仍在一定程度上存在管理层专利保护意识不强、专利管理人员对各环节专利价值认识模糊、专利保护能力水平与自身整体发展不匹配等问题，专利激励创新的作用难以有效发挥，企业转型升级、创新发展受到制约。

面对上述问题，迫切需要一本针对电力企业管理、科研和知识产权人员的指导性工具书。中国华能集团有限公司始终坚持科技自立自强的使命担当，充分发挥科技创新第一动力作用，在关键核心技术领域打好攻坚战，在专利高质量创造、高质量申请、高标准授权、高价值运营等方面积累了不少有益经验。本书从专利工作的实践出发，以推进电力企业科技创新，全面深化专利质量提升工作为目标，为电力企业专利工作中所涉及的基础知识、方法路径进行全面梳理总结，特别介绍了TRIZ 在专利工作中的实际应用，特别适合电力企业的研发工程师、专利工程师作为指导性参考工具书，也可供其他行业知识产权工作者作参考借鉴。

编写组

2022 年 12 月

目　录

前言

1　专利基础知识 ·· 1

  1.1　专利的定义 ··· 1

  1.2　专利的特性 ··· 1

  1.3　专利的类型 ··· 2

  1.4　授予专利权的条件 ·· 5

  1.5　专利权的归属 ··· 6

  1.6　专利的保护 ·· 10

  1.7　专利权与其他权利 ·· 12

  1.8　专利对企业的意义 ·· 13

2　国内专利申请 ··· 16

  2.1　专利申请流程 ·· 16

  2.2　专利申请费用 ·· 19

  2.3　申请专利的途径 ··· 20

  2.4　专利申请文件的撰写 ·· 21

  2.5　专利申请原则、策略 ·· 26

  2.6　专利复审 ·· 29

  2.7　专利无效 ·· 31

3　国际专利申请 ··· 35

  3.1　国际专利和国内专利的区别 ·· 35

  3.2　国际专利申请的评审要素 ·· 35

  3.3　国际专利申请的途径 ·· 36

  3.4　国际专利申请流程 ·· 41

  3.5　国际专利申请费用 ·· 43

　3.6　国际专利分类 ·· 43

　3.7　美国专利申请 ·· 46

　3.8　欧洲专利申请 ·· 50

　3.9　日本专利申请 ·· 55

4　专利培育 ··· 59

　4.1　专利检索 ·· 59

　4.2　专利分析 ·· 62

　4.3　专利导航 ·· 66

　4.4　专利挖掘与布局 ·· 71

　4.5　高价值专利组合 ·· 87

5　专利管理 ··· 96

　5.1　专利预警 ·· 96

　5.2　专利侵权 ·· 98

　5.3　专利保护与运营 ··· 101

　5.4　专利风险管理 ··· 106

　5.5　专利成果转化 ··· 108

6　TRIZ 理论应用 ··· 113

　6.1　TRIZ 理论 ·· 113

　6.2　TRIZ 理论在专利检索中的应用 ····································· 117

　6.3　TRIZ 理论在专利分析中的应用 ····································· 118

　6.4　TRIZ 理论在专利挖掘中的应用 ····································· 119

　6.5　TRIZ 理论在专利布局中的应用 ····································· 120

7　小结 ··· 122

附录 A　专利检索网站 ··· 123

附录 B　专利官费 ··· 125

附录 C　知识产权保护中心 ··· 127

附录 D　推荐书目 ··· 132

参考文献 ··· 133

1 专利基础知识

1.1 专利的定义

"专利"最早来源于拉丁语 litterae patentes，意为公开的信件或公共文献，是中世纪的君主用来颁布某种特权的证明，后来指英国国王亲自签署的独占权利证书。据韦氏大学词典（Merriam-Webster's Collegiate Dictionary）的解释，专利一词有两个含义，其一指特定权力，即某种发明的独占权或控制权；其二为官方文件，记录发明人在一定时期内对一项发明创造所具有的制造、使用和销售的独占权。因此，专利既可以理解为专利权，又可以理解为专利文献。

在专利法学理论中，"专利"一词在不同的语境中使用，具有不同的含义主要有三个方面：①专利指专利权人对其发明创造依法享有的排他性独占权；②专利指被授予专利权的发明创造本身；③专利指载有发明创造内容的专利文献。

1.2 专利的特性

专利作为一项独特的无形资产，主要有独占性、时间性和地域性三大特性。

1.2.1 独占性

独占性，指专利权人对其发明创造所享有的独占性地制造、使用、许诺销售、销售或进口的权利。也就是说，除专利法另有规定以外，其他任何单位或个人未经专利权人许可，不得以生产经营为目的，制造、使用、许诺销售、销售或进口其专利产品，或者使用其专利方法，以及使用、许诺销售、销售、进口依照该专利方法直接获得的产品，否则，可能会构成专利侵权。

1.2.2 地域性

地域性，指任何一项专利权，只有依一定地域内的法律才得以产生并在该地域内受到专利保护。根据该地域性特征，依据一国法律取得的专利权只在该国领域内受到该国的专利保护，而在其他国家则不受该国家的专利保护，除非两国之间有双边的专利（知识产权）保护协定，或共同参加了有关保护专利（知识产权）的国际公约。例如，如果一项发明创造只在我国取得专利权，那么专利权人只在我国享有专有权或独占权。如果他人在其他国家生产，使用或销售该发明创造的产品，则不属于侵权行为。我国的单位或个人如果研制出有国际市场前景的发明创造，就不仅应及时申请国内专利，而且还应不失时机地在拥有良好市场前景的其他国家和地区申请专利，否则国外的市场就得不到保护。

1.2.3 时间性

时间性，指专利权人对其发明创造所拥有的专有权只在法律规定的时间内有效，期限届满后，专利权人对其发明创造就不再享有制造、使用、许诺销售、销售和进口的专有权，任何单位或个人都可以无偿地使用。

1.3 专利的类型

专利的种类在不同国家有不同规定，《中华人民共和国专利法》规定，专利包括发明专利、实用新型专利和外观设计专利三种。

1.3.1 发明专利

《中华人民共和国专利法》第二条规定：发明是指对产品、方法或者其改进所提出的新的技术方案。

《中华人民共和国专利法》所称的发明分为产品发明和方法发明两类。其中，产品发明是指人们通过智力劳动创造出来的各种新产品、新材料、新物质的技术方案，如生产设备、检测设备、设备零部件、化工材料等。方法发明是指人们为制造产品或解决某个技术问题而研究开发出来的操作方法、制造方法以及工艺流程等技术方案，包括产品的制造方法、使用方法、分析方法、控制方法、测试方法等。

1.3.2 实用新型

《中华人民共和国专利法》第二条规定：实用新型是指对产品的形状、构造或者其结合所提出的适于实用的新的技术方案。

实用新型只保护有形状、构造改进的产品，不保护新方法。我国之所以保护实用新型，主要目的在于鼓励低成本、研制周期短的小发明的创造，更快地适应经济发展的需要。但这并不意味着只有小发明才能申请实用新型，对于创造性较高的其他发明创造，只要是符合实用新型的保护客体，也可以申请实用新型。

由于发明专利授权时间一般长达 2～3 年，并且创造性要求较高，不易通过审查。为了使专利权人能快速得到授权，我国设置了实用新型专利。实用新型专利的审查要宽松一些，一般不进行实质性审查，因此实用新型授权率较高，并且授权时间较短。

1.3.3 外观设计

《中华人民共和国专利法》第二条规定：外观设计是指对产品整体或者局部的形状、图案或者其结合以及色彩与形状、图案的结合所作出的富有美感并适于工业应用的新设计。

可以发现，外观设计与发明和实用新型明显不同，其保护的是设计而不是技术方案。通常构成外观设计的组合包括产品的形状，产品的图案，产品的形状和图案的组合，产品的形状和色彩的组合，产品的图案和色彩的组合，产品的形状、图案和色彩的组合等。

其中，产品外观形状是指对产品造型的设计，也就是指产品外部的点、线、面的移动、变化、组合而呈现的外表轮廓，即对产品的结构、外形等同时进行设计、制造的结果。

产品外观图案是指由任何线条、文字、符号、色块的排列或组合而在产品的表面构成的图形。产品的外观图案应当是固定、可见的，而不应是时有时无的或者需要在特定的条件下才能看见的图案，这样是无法申请外观专利的。

产品的色彩是指用于产品上的颜色或者颜色的组合，制造该产品所用材料的本色不是外观设计的色彩。产品的色彩不能独立构成外观设计，除非产品色彩变化本身已形成一种新的图案。

1.3.4 发明、实用新型、外观设计的区别

发明、实用新型和外观设计三者的区别可以从以下几方面来分析：

1. 适用对象不同

新方法、新工艺和新配方等无形的发明创造只能申请发明专利，不能申请实用新型专利；有形的新产品既可以申请发明专利，也可以申请实用新型专利；而新的产品外形、外包装、标贴图案或形状则能申请外观设计专利。

实用新型专利比发明专利在技术水平的要求要低一些，也就是说实用新型的创造性要求要低于发明专利的创造性要求。当然，同一件产品的技术创新可以同时申请发明和实用新型专利。

2. 审批程序不同

发明要经初步审查、公开、实质审查后才可授权；实用新型和外观设计只经初步审查即可授权，因此实用新型和外观设计的授权率要高于发明的授权率。

我国专利的审批期限一般为：发明 2 年左右，实用新型 6～9 个月，外观设计 3～

6 个月。

3. 保护期限不同

发明专利权的保护期限为 20 年；实用新型专利权的期限为 10 年；外观设计专利权的期限为 10 年（2021 年 6 月 1 日之前申请的外观专利）或 15 年（2021 年 6 月 1 日之后申请的外观专利）。

4. 保护对象不同

发明专利或实用新型专利的受保护范围，要以专利文件中的权利要求书为准，说明书及附图可用来解释权利要求书。外观设计专利的受保护范围，则以表示在专利文件中的图片或照片所反映的外观设计专利产品为准。

1.3.5 专利号的含义

专利号是文献号的一种，专利号包括前缀部分（ZL）和申请号。

专利申请号是指国家知识产权局受理一件专利申请时，给予该专利申请的一个标识号码。对于一件中国专利而言，申请号是唯一的。也就是说，申请号与专利是一一对应的，如同我们的身份证号码一样，申请号就是专利的身份号码。

每件申请的专利在国家知识产权局受理后，都会有自身的申请号，但是只有被授权的专利才会有专利号。

申请号的构成如图 1-1 和图 1-2 所示。

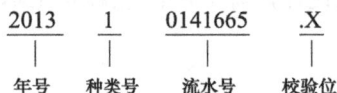

2013	1	0141665	.X
年号	种类号	流水号	校验位

图 1-1　申请号的构成

现行的专利申请号标准是在 2003 年 10 月 1 日通过实施的，如图 1-1 所示，专利申请号包括年号、种类号、流水号和校验位，共 14 位。

（1）年号：一般用四位标识，数字形式。年号用公元纪年的形式标识该专利受理的年份（注意：是受理年份而非授权年份）。

（2）种类号：只有一位数字标识。不同的种类号对应不同的专利申请类型，如表 1-1 所示。

表 1-1　　　　　种类号与专利申请类型的对应关系

种类号	对应申请类型
1	发明专利申请
2	实用新型专利申请
3	外观设计专利申请
8	进入中国国家阶段的 PCT 发明专利申请
9	进入中国国家阶段的 PCT 实用新型专利申请

（3）流水号：7 位连续数字，表示当年该类申请的序号数，从 0000001 开始升序使用。

（4）校验位：校验位由一个标点符号"."和一位数字或字母组成，它的作用主要是校验整个申请号的正确性。因此校验位是通过针对申请号的数字的一个计算公式来获得的，它的计算方法如下：

四位年号数字依次为 Y1、Y2、Y3、Y4；

种类号数字为 C1；

7 位流水号数字依次为 S1、S2、S3、S4、S5、S6、S7；

假设校验位数字为 P，则

$P=$（Y1×2＋Y2×3＋Y3×4＋Y4×5＋C1×6＋S1×7＋S2×8＋S3×9
＋S4×2＋S5×3＋S6×4＋S7×5）mod 11（mod：求余）

$$\underset{\text{年号}}{\underline{93}} \quad \underset{\text{种类号}}{\underline{1}} \quad \underset{\text{流水号}}{\underline{19313}} \quad \underset{\text{校验位}}{\underline{.3}}$$

图 1-2　2003 年 10 月 1 日以前的申请号构成

在 2003 年 10 月 1 日之前，专利申请号构成如图 1-2 所示，包括年号、种类号、流水号、校验位，共 10 位组成。与现行的专利申请号标准的差别为：原申请号中的年号为两位标识，且流水号为五位连续数字。

1.4　授予专利权的条件

专利申请要获得授权需要满足形式条件和实质条件。形式条件主要指专利申请文件应当以专利法及其实施细则规定的格式，并依照法定程序履行各种必要的手续。对于发明和实用新型专利来说，实质条件主要指授予专利权的发明和实用新型应当具备新颖性、创造性和实用性。对于外观专利来说，授予专利权的外观设计应当不属于现有设计，且与现有设计或者现有设计特征的组合相比，应当具有明显区别。以下就专利的新颖性、创造性和实用性进行详细介绍。

1.4.1　新颖性

《中华人民共和国专利法》第二十二条规定：新颖性，是指该发明或者实用新型不属于现有技术；也没有任何单位或者个人就同样的发明或者实用新型在申请日以前向国务院专利行政部门提出过申请，并记载在申请日以后公布的专利申请文件或者公告的专利文件中；现有技术，是指申请日以前在国内外为公众所知的技术。

新颖性的判断要满足下列条件：

（1）在专利申请提交前，没有同样的发明创造在国内外出版物上公开发表过。这里的出版物，不但包括专利文献、科技杂志、科技书籍、学术论文、专业文献、教科书、技术手册等纸件，也包括影片、录像带及光盘等视听资料以及一些存在于互联网或在线数据库中的资料等。

（2）在专利申请提交前，没有同样的发明创造在国内外公开使用过。使用公开的方式包括能够使公众得知其技术内容的制造、使用、销售、进口、交换、馈赠、演示、展出等方式。

（3）在专利申请提交前，没有同样的发明创造在国内外口头公开过。口头公开的方式包括口头交谈、报告、讨论会发言、广播、电视或电影的报道等方式。

（4）在专利申请提交前，没有同样的发明创造由他人向专利局提出过专利申请，并且记载在申请日以后公布的专利申请文件中，即没有："抵触申请"。

1.4.2 创造性

《中华人民共和国专利法》第二十二条规定：创造性，是指与现有技术相比，该发明具有突出的实质性特点和显著的进步，该实用新型具有实质性特点和进步。

发明专利的创造性判断要满足下列条件：

（1）同申请日以前的现有技术相比有突出的实质性特点。即，对所属技术领域的技术人员来说，在现有技术的基础上，仅通过合乎逻辑的分析、推理或者有限的试验不能得到该发明。

（2）同申请日以前的现有技术相比有显著的进步。即，该发明与现有技术相比能够产生有益的技术效果，例如发明克服了现有技术中存在的缺点和不足，或者为解决某一技术问题提供了一种不同构思的技术方案，或者代表某种新的技术发展趋势。

1.4.3 实用性

《中华人民共和国专利法》第二十二条规定：实用性，是指该发明或者实用新型能够制造或者使用，并且能够产生积极效果。

这里的能够制造或者使用，是指发明创造能够在产业上制造或者使用，并且能够产生积极效果。

1.5 专利权的归属

1.5.1 职务发明的权利归属

《中华人民共和国专利法》第六条第一款规定："执行本单位的任务或者主要

是利用本单位的物质技术条件所完成的发明创造为职务发明创造。职务发明创造申请专利的权利属于该单位，申请被批准后，该单位为专利权人。该单位可以依法处置其职务发明创造申请专利的权利和专利权，促进相关发明创造的实施和运用。"

《中华人民共和国专利法》第六条第三款规定："利用本单位的物质技术条件所完成的发明创造，单位与发明人或者设计人订有合同，对申请专利的权利和专利权的归属作出约定的，从其约定。"

《中华人民共和国专利法实施细则》第十二条规定："专利法第六条所称执行本单位的任务所完成的职务发明创造是指：

（一）在本职工作中作出的发明创造；

（二）履行本单位交付的本职工作之外的任务所作出的发明创造；

（三）退休、调离原单位后或者劳动、人事关系终止后1年内作出的，与其在原单位承担的本职工作或者原单位分配的任务有关的发明创造。

专利法第六条所称本单位，包括临时工作单位；专利法第六条所称本单位的物质技术条件，是指本单位的资金、设备、零部件、原材料或者不对外公开的技术资料等。"

1.5.2 发明人权益

《中华人民共和国专利法》第十五条规定："被授予专利权的单位应当对职务发明创造的发明人或者设计人给予奖励；发明创造专利实施后，根据其推广应用的范围和取得的经济效益，对发明人或者设计人给予合理的报酬。国家鼓励被授予专利权的单位实行产权激励，采取股权、期权、分红等方式，使发明人或者设计人合理分享创新收益。"

《中华人民共和国专利法实施细则》第七十六条规定："被授予专利权的单位可以与发明人、设计人约定或者在其依法制定的规章制度中规定专利法第十五条规定的奖励、报酬的方式和数额。企业、事业单位给予发明人或者设计人的奖励、报酬，按照国家有关财务、会计制度的规定进行处理。"

《中华人民共和国专利法实施细则》第七十七条规定："被授予专利权的单位未与发明人、设计人约定也未在其依法制定的规章制度中规定专利法第十五条规定的奖励的方式和数额的，应当自专利权公告之日起3个月内发给发明人或者设计人奖金。一项发明专利的奖金最低不少于3000元；一项实用新型专利或者外观设计专利的奖金最低不少于1000元。由于发明人或者设计人的建议被其所属单位采纳而完成的发明创造，被授予专利权的单位应当从优发给奖金。" 专利授权公告后的发明人奖励如表1-2所示。

表 1-2　　　　　　　　　　专利授权公告后的发明人奖励

专利类型	授权奖励
发明	不少于 3000 元（授权公告 3 个月内）
实用新型或外观	不少于 1000 元（授权公告 3 个月内）

《中华人民共和国专利法实施细则》第七十八条规定："被授予专利权的单位未与发明人、设计人约定也未在其依法制定的规章制度中规定专利法第十五条规定的报酬的方式和数额的，在专利权有效期限内，实施发明创造专利后，每年应当从实施该项发明或者实用新型专利的营业利润中提取不低于 2%或者从实施该项外观设计专利的营业利润中提取不低于 0.2%，作为报酬给予发明人或者设计人，或者参照上述比例，给予发明人或者设计人一次性报酬；被授予专利权的单位许可其他单位或者个人实施其专利的，应当从收取的使用费中提取不低于 10%，作为报酬给予发明人或者设计人。"专利实施或许可后的发明人奖励如表 1-3 所示。

表 1-3　　　　　　　　　　专利实施或许可后的发明人奖励

专利类型	实施报酬	许可报酬
发明或实用新型	每年不低于营业利润 2%	不低于使用费的 10%
外观	每年不低于营业利润 0.2%	不低于使用费的 10%

1.5.3　纠纷处理

专利纠纷一般包括专利权归属纠纷和专利申请权纠纷。

1. 专利权归属纠纷

专利权归属纠纷是指一项发明创造被授予专利权后，当事人之间就谁是该专利真正权利人而发生的争议。通常，专利权归属纠纷主要包括：

（1）职务发明创造，被发明人或设计人作为非职务发明创造申请专利并获得专利权而引起的纠纷；

（2）非职务发明创造，被单位作为职务发明创造而申请专利并获得专利权而引起的纠纷；

（3）委托开发完成的发明创造，在当事人未明确约定的情况下，该发明创造的委托开发方申请专利并获得专利权而引起的纠纷；

（4）合作开发所完成的发明创造，在无合同约定又无其他各方声明放弃其所共有的专利申请的情况下，该发明创造被共有人中的一方申请专利并获得专利权而引起的纠纷。

2. 专利申请权纠纷

专利申请权纠纷是指一件发明创造完成后，当事人就谁有权申请专利而产生的纠纷。通常专利申请权纠纷主要包括：

（1）职务发明创造，由发明人或设计人以非职务发明创造申请了专利，从而引起的纠纷；

（2）非职务发明创造，被单位作为职务发明创造申请专利而引起的纠纷；

（3）委托开发完成的发明创造，在当事人未明确约定的情况下，该发明创造的委托开发方申请专利而引起的纠纷；

（4）合作开发所完成的发明创造，在无合同约定又无其他各方声明放弃其所共有的专利申请权利的情况下，该发明创造被共有方中的一方申请专利而引起的纠纷。

3. 专利纠纷处理

当事人在遇到专利纠纷时，通常有以下解决方法：

（1）自行协商解决。自行协商解决应当是当事人首选的方法，其有以下优点：当事人自行协商，可减少矛盾激化，最小成本地化解争议；此外，还可适当减少当事人为解决纠纷所投入的人力和财力。目前，自行协商解决可能是最有效率的解决问题的途径。

（2）请求管理专利工作的部门调解。当事人不愿协商或者协商不成的，还可以请求管理专利工作的部门调解。《中华人民共和国专利法实施细则》和《专利行政执法办法》均给出了相关调解的规定。

例如，《中华人民共和国专利法实施细则》第八十一条规定："当事人请求处理专利侵权纠纷或者调解专利纠纷的，由被请求人所在地或者侵权行为地的管理专利工作的部门管辖。两个以上管理专利工作的部门都有管辖权的专利纠纷，当事人可以向其中一个管理专利工作的部门提出请求；当事人向两个以上有管辖权的管理专利工作的部门提出请求的，由最先受理的管理专利工作的部门管辖。管理专利工作的部门对管辖权发生争议的，由其共同的上级人民政府管理专利工作的部门指定管辖；无共同上级人民政府管理专利工作的部门的，由国务院专利行政部门指定管辖。"

《专利行政执法办法》规定："请求管理专利工作的部门调解专利纠纷的，应当提交请求书。请求书应当记载以下内容：

1）请求人的姓名或者名称、地址，法定代表人或主要负责人的姓名、职务，委托代理人的，代理人的姓名和代理机构的名称、地址；

2）被请求人的姓名或名称、地址；

3）请求调解的具体事项和理由。

管理专利工作的部门收到调解请求书后，会及时将请求书副本通过寄交、直接送交或者其他方式送达被请求人，要求其在收到之日起 15 日内提交意见陈述书。如果被请求人提交意见陈述书并同意进行调解，管理专利工作的部门会及时立案，并通知请求人和被请求人进行调解的时间和地点。被请求人逾期未提交意见陈述书，或者在意见陈述书中表示不接受调解的，管理专利工作的部门不予立案，并通知请求人。"

（3）向人民法院提起诉讼。除了自行协商解决和请求专利管理部门调解之外，当事人还可以向具有管辖权的人民法院起诉。

1.6 专利的保护

1.6.1 专利的保护范围

《中华人民共和国专利法》第六十四条规定："发明或者实用新型专利权的保护范围以其权利要求的内容为准，说明书及附图可以用于解释权利要求的内容。外观设计专利权的保护范围以表示在图片或者照片中的该产品的外观设计为准，简要说明可以用于解释图片或者照片所表示的该产品的外观设计。"

发明或实用新型专利保护的是与现有技术不同的技术方案，该发明或实用新型的权利要求书是确定专利保护范围的法律依据，而说明书、附图等只能对权利要求书进行解释和说明。

1.6.2 专利的保护期限

专利保护期限是指专利被授予权利后，得到专利权利保护的时间期限。

《中华人民共和国专利法》第四十二条规定："发明专利权的期限为二十年，实用新型专利权的期限为十年，外观设计专利权的期限为十五年，均自申请日起计算。自发明专利申请日起满四年，且自实质审查请求之日起满三年后授予发明专利权的，国务院专利行政部门应专利权人的请求，就发明专利在授权过程中的不合理延迟给予专利权期限补偿，但由申请人引起的不合理延迟除外。"

《中华人民共和国专利法》第四十四条规定："有下列情形之一的，专利权在期限届满前终止：

（一）没有按照规定缴纳年费的；

（二）专利权人以书面声明放弃其专利权的。

专利权在期限届满前终止的，由国务院专利行政部门登记和公告。"

1.6.3 专利的完整生命周期

（1）对于中国发明专利，完整的生命周期包括申请、初步审查、公开、实质审查、授权公告、失效，如图 1-3 所示。

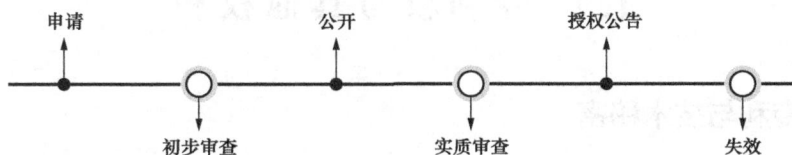

图 1-3　发明专利的完整生命周期

1）申请：向知识产权局提交合格的申请文件，知识产权局授予申请号、申请日。

2）初步审查：知识产权局主要对申请文件的形式审查，一般不对新颖性、创造性和实用性进行审查。

3）公开：自申请日起 18 个月公开，由知识产权局以公告方式对外公开；也可以根据申请人请求，早日公布其专利申请。如果申请人提出提前公开的话，则通常在知识产权局经过初步审查之后，公开其专利申请，预计在 6 个月左右公开。

4）实质审查：在实质审查阶段可对专利的"新颖性、创造性、实用性"以及其他驳回缺陷进行审查。

5）授权公告：对应符合专利法规定的专利申请，将授予专利权，并对外公告，专利权生效。

6）失效：因发明的保护期限届满，或因被全部无效，或因专利权人未缴纳年费等原因，导致专利权效力终止。

（2）对于中国实用新型和外观设计专利，完整的生命周期包括申请、初步审查、授权公告、失效，如图 1-4 所示。

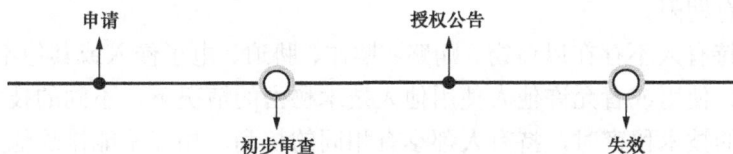

图 1-4　实用新型或外观设计专利的完整生命周期

1）申请：向知识产权局提交合格的申请文件，知识产权局授予申请号、申请日。

2）初步审查：主要是对申请文件的形式审查和明显实质性缺陷审查。

3）授权公告：符合专利法规定的，将授予专利权，并对外公告，专利权生效。

4）失效：因实用新型或外观的保护期限届满，或因被全部无效，或因专利权人未缴纳年费等原因，导致专利权效力终止。

1.7 专利权与其他权利

1.7.1 专利与技术秘密

专利，是专利权人对经其申请并经国务院专利行政部门授权的发明创造在一定期限内依法享有的独占实施权。而技术秘密属商业秘密范畴，是指不为公众所知悉、能为权利人带来经济利益、具有实用性并经权利人采取保密措施的技术信息。总体来说，专利是以公开换取保护，技术秘密只要符合法律规定的相关条件就可获得保护。

两者的主要区别有：

（1）技术秘密要比专利保护范围大，凡是能够用专利保护的技术都可采用技术秘密来保护，专利不能保护的技术，也可采用技术秘密的方式予以保护。

（2）专利不能脱离技术秘密而独立存在，如在专利申请之前不采取保密措施，发明创造有可能泄密公开而丧失新颖性从而不能得到专利保护。发明创造从开发到专利申请、授予专利权时间跨度可能很长，在此期间也需要技术秘密保护。一些不在专利中公开的技术、阶段性的技术成果以及技术资料都可以采取技术秘密保护，因此技术秘密可以作为专利的补充。

（3）技术秘密的保护更需要借助持有人自身的力量，从内部人员、制度及管理方面予以保护，专利则是借助国家专利法律制度进行保护。

（4）技术秘密是指不公开的技术，只要技术不被公开，企业对技术就有长期控制和垄断的权利。专利是公开的技术，权利人不能限制他人研究和合法利用，并且保护时间也有期限。

（5）在持有人不存在以盗窃、贿赂、欺诈、胁迫、电子侵入或其他不正当手段，获取、披露、使用或者允许他人使用他人技术秘密的情况下，不同的技术秘密持有人持有相同的技术秘密时，持有人都享有相同的权利，相互不能排除他人开发同样的技术。而专利在其有效期内，具有排他性，未经权利人许可（强制许可除外），不能以生产经营为目的进行任何方式的使用。

1.7.2 专利与著作权

论文常用来指进行各个学术领域的研究和描述学术研究成果的文章。它既是探讨问题进行学术研究的一种手段，又是描述学术研究成果进行学术交流的一种工具。发表论文的主要目的在于知识的传播和分享。

然而，专利是一种权利，国家依法在一定时期内授予专利权人或者其权利继受者独占使用其发明创造的权利。专利权是一种专有权，这种权利具有独占的排他性。非专利权人要想使用他人的专利技术，必须依法征得专利权人的授权或许可。因此申请专利的目的在于对发明创造进行专利保护。

针对申请专利与发表论文的内容来说，论文是科学研究成果或创新见解和知识的科学记录，或是科学总结，或是在学术刊物上发表的内容；或是作其他用途的书面文件，对论文所要表达的内容并无太多限制，只要是新的研究成果即可，包括纯理论的，如数学公式、科学发现等内容。而专利可保护的内容有一定的限制，一些内容是无法获得专利保护的，例如数学公式、科学发现、外科手术方法、克隆技术等，这些内容可以用论文形式发表，但都不能用专利来保护。

从法律层面来说，论文的发表获得的是著作权，但是不影响论文中的技术或方法的实施，而专利申请获得的专利权是一种专有权，这种权利具有独占的排他性。非专利权人要想使用他人的专利技术，必须依法征得专利权人的授权或许可。此外需要注意的是，如果在申请专利之前，对应的论文已经发表，则论文会影响专利的新颖性，导致专利无法授权。因此，需要特别注意的是，在论文公开之前，应当先申请专利。

1.8 专利对企业的意义

专利是国家用法律形式赋予专利权人对其发明创造拥有的独占权利。专利对企业的意义主要体现在以下几方面。

1. 提高企业核心竞争力

（1）提升企业自身创新能力。任何新产品的研究和开发均具有连续性，企业产品的研发不仅需要创新精神，也需要借鉴前人的经验教训。专利中受到法律保护的发明创造作为一种最新、最快，且含金量最高的技术，理所当然地是企业研究人员进行查阅和参考的宝贵财富。企业还可以通过专利文献的检索，了解行业技术发展趋势，在现有技术的借鉴和启发下，提升企业自身创新能力。

根据 2020 年企查查大数据研究院推出的《中国专利 20 强企业榜单》，前 10 强名单如图 1-5 所示。从 2016—2020 年企业专利数量来看，国家电网有限公司以 2.33 万件高居第一，华为技术有限公司位居第二，专利数量达到了 1.98 万件。随着国家电网有限公司专利申请数量的不断提升，其技术创新能力和营收能力上也不断增强，在 2021 年发布的《财富》世界 500 强排行榜之中，中国国家电网有限公司上升至第二位，成为我国排名最高的世界 500 强企业。

（2）提高市场占有率。企业通过申请专利，可以有效保护自身的发明创造，从而可以在行业内抢先占有市场，提升企业在市场竞争中的优势。有自主知识产权的产品能在一定时间内获得专利技术的垄断，因此容易宣传推广，有利于市场拓展。

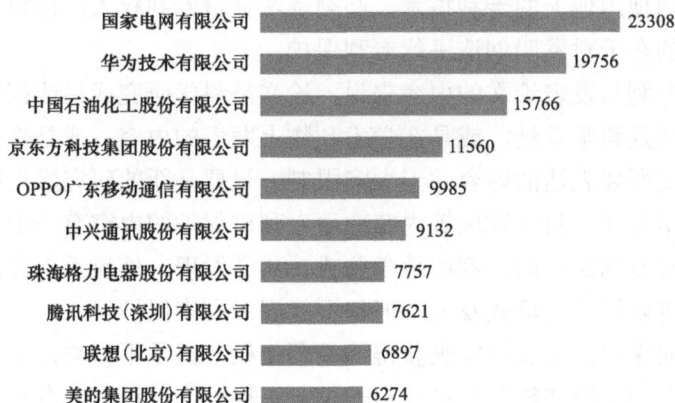

公司	数量
国家电网有限公司	23308
华为技术有限公司	19756
中国石油化工股份有限公司	15766
京东方科技集团股份有限公司	11560
OPPO广东移动通信有限公司	9985
中兴通讯股份有限公司	9132
珠海格力电器股份有限公司	7757
腾讯科技（深圳）有限公司	7621
联想（北京）有限公司	6897
美的集团股份有限公司	6274

图 1-5　近五年我国企业发明专利数量 TOP10

（3）提升企业形象。专利一般还可作为企业上市和企业其他评审中的一项重要指标，并且还能起到科研成果市场化的桥梁作用。专利不仅是一种保护，也是企业的能力，如创新能力的彰显，可以获得良好的评估，使企业能够得到全方位的支持。专利拥有量能够强有力地证明企业的创新能力，在企业之间的经济往来中，一个企业所拥有的高质量的发明创造往往比有形资产更能博得合作方的青睐。

此外，专利也可以作为产品宣传的一个重要方式。专利不仅可以起到保护作用，避免他人侵权，而且将产品作为专利产品，也是一个很重要的宣传窗口。专利产品本身具有较好的创新性，也能被市场认可为高科技产品，其售价和竞争力往往具有较好的优势。有些产品直接在包装上标明专利号，价格往往也高于同类产品，因此拥有专利能提升企业产品附加值。

（4）防御产品侵权。专利属于知识产权的一部分，是一种无形的财产，其拥有独占性、区域性、时间性等特点。其中，独占性是指在专利有效期内，如有公司或个人未经专利权人许可，使用其来达到盈利目的，则属于侵权行为，这样可有效保护专利权人的合法利益。因此，如果对于企业获得专利权的产品，可以防止竞争对手对该产品的模仿、复制，提升该产品在相关产品市场的市场份额。例如，在 2007 年时，温州市中级人民法院做出一审判决，判决裁定施耐德电气低压（天津）有限公司（简称施耐德）向正泰集团支付赔偿金 3.3 亿元人民币。在二审阶段，双方达成了和解协议，由施耐德向正泰集团赔付 1.75 亿元，同时双方达成全球一揽子和解协议，为后续正泰集团的海外发展铺平了道路。从该案例之中可以看出，正泰集团通过专利诉讼积极维护自身的合法权益，不仅获得了高额的经济补偿，还为后续海外市场的开拓铺平了道路。

2. 提升企业经济效益

产品或方法等被授予专利权，就形成了企业的无形资产，具有了价值。换句话说，技术发明、外观设计等申请专利后可以通过一定时间的垄断给企业带来经济效益。实际操作中，专利可以作为资本进行资本注册、出资或增资，还可以通过专利许可等方式使得企业获利。

相关政策规定，企业可以使用专利证书质押获得银行贴息贷款，中小企业可以通过专利证书解决融资难的问题。同时，拥有专利证书的企业也容易找到风险投资，提高企业的发展速度。

此外，拥有专利的企业有机会申请成为高新技术企业，可以获得政府的创新奖励与扶持，在税收、人才引进、贷款等方面也可以享受一定的优惠政策。

综上，专利对企业的影响是由内到外，从提高企业效率到占领市场赢得消费者，再到获取经济利益，贯穿了企业经营的方方面面。因此可以看出，专利对企业的意义体现在企业经营的各个方面，可以构成企业的核心竞争力，有利于企业的长远发展。

2 国内专利申请

2.1 专利申请流程

2.1.1 申请流程

（1）国内发明专利的申请流程为发明人撰写技术交底书—专利代理机构撰写申请文件—递交至知识产权局—国家知识产权局受理—缴纳申请费—初审公布进入实质审查—知识产权局下发审查意见通知书—申请人针对审查意见通知书进行答复—授权—缴费登记获得专利证书，如图 2-1 所示。

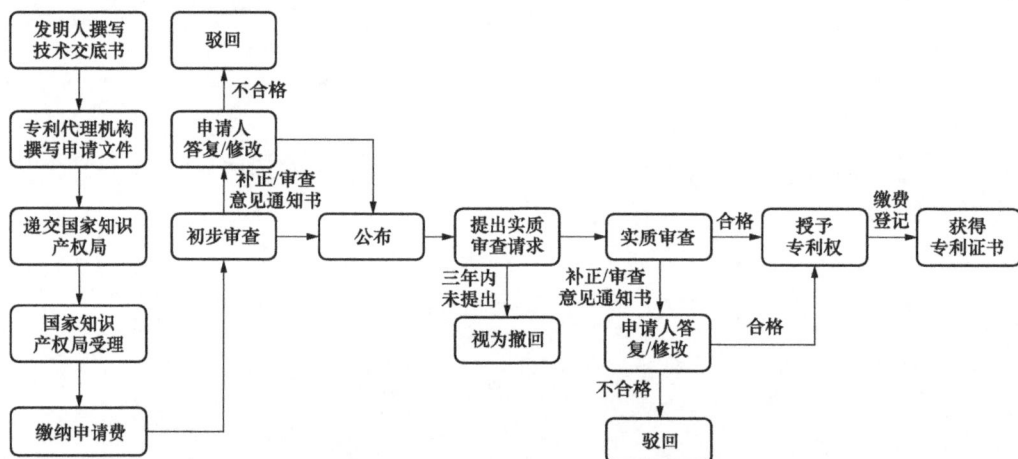

图 2-1　国内发明专利的申请流程

（2）国内实用新型和外观设计专利的申请流程为发明人撰写技术交底书—专利代理机构撰写申请文件—递交至知识产权局—知识产权局受理—申请人缴纳申请费—初审审查—授权—缴费登记获得专利证书。如图 2-2 所示。

2.1.2 专利优先审查

2017 年 6 月 27 日，《专利优先审查管理办法》经国家知识产权局局务会审议通过，自 2017 年 8 月 1 日起施行。

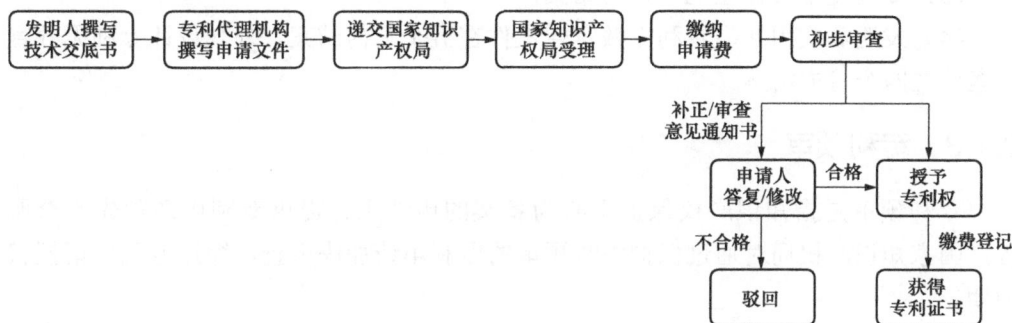

图 2-2　国内实用新型、外观设计专利的申请流程

1. 优先审查的适用对象

（1）实质审查阶段的发明专利申请；

（2）实用新型和外观设计专利申请；

（3）发明、实用新型和外观设计专利申请的复审；

（4）发明、实用新型和外观设计专利的无效宣告。

2. 优先审查的条件

（1）专利申请或者专利复审案件，具备下列情形之一，可以请求优先审查：

1）涉及节能环保、新一代信息技术、生物、高端装备制造、新能源、新材料、新能源汽车、智能制造等国家重点发展产业；

2）涉及各省级和设区的市级人民政府重点鼓励的产业；

3）涉及互联网、大数据、云计算等领域且技术或者产品更新速度快；

4）专利申请人或者复审请求人已经做好实施准备或者已经开始实施，或者有证据证明他人正在实施其发明创造；

5）就相同主题首次在中国提出专利申请又向其他国家或者地区提出申请的该中国首次申请；

6）其他对国家利益或者公共利益具有重大意义需要优先审查。

（2）无效宣告案件有下列情形之一，可以请求优先审查：

1）针对无效宣告案件涉及的专利发生侵权纠纷，当事人已请求地方知识产权局处理、向人民法院起诉或者请求仲裁调解组织仲裁调解；

2）无效宣告案件涉及的专利对国家利益或者公共利益具有重大意义。

3. 优先审查的加快期限

国家知识产权局同意进行优先审查的，应当自同意之日起，在以下期限内结案：

（1）发明专利申请在四十五日内发出第一次审查意见通知书，并在一年内结案；

（2）实用新型和外观设计专利申请在两个月内结案；

（3）专利复审案件在七个月内结案；

（4）发明和实用新型专利无效宣告案件在五个月内结案，外观设计专利无效宣告案件在四个月内结案。

2.1.3 专利预审

专利预审是指知识产权保护中心为备案的申请主体提供专利申请预先审查服务，国家知识产权局对通过保护中心预审的专利申请加快审查，缩短专利申请授权周期。

知识产权保护中心是经国家知识产权局批准设立的地方专利服务机构，申请人若想获得专利快速预审的服务，需要按当地知识产权保护中心的规定办理。

申报专利申请快速预审，需具备以下条件：

（1）申请主体为在保护中心完成备案的单位；

（2）拟提交的专利申请属于保护中心服务的技术领域；

（3）申请人申报专利申请预审服务时须签订知识产权保护中心专利申请须知和承诺书，并确保专利申请符合须知和承诺书中相关要求。

专利预审服务流程如图 2-3 所示。

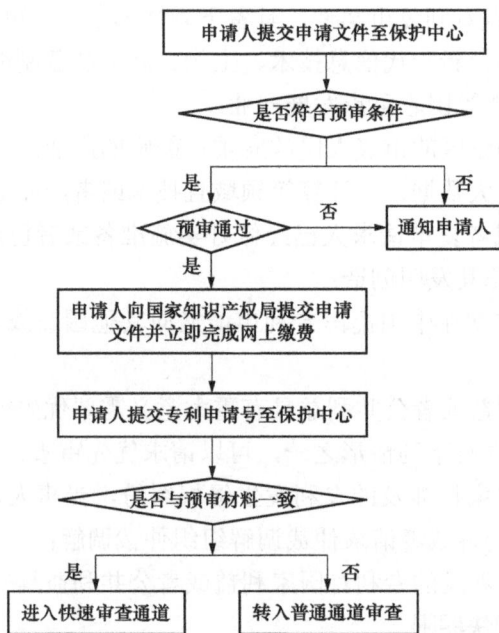

图 2-3　专利预审服务流程

截至目前，全国共建设知识产权保护中心 53 家（其名单见附录 C），保护中心围绕着各自的产业领域，开展专利快速审查。专利申请经保护中心预审合格后，提交至专利局即可进入快速审查通道，并将大幅缩短审查周期。其中，发明专利授权周期由原来的平均 22 个月缩短为 3～6 个月，实用新型专利授权周期由原来的 7～8 个月缩短为 1 个月，外观设计专利授权周期则缩短为 5～7 个工作日。

2.2 专利申请费用

2.2.1 申请相关费用

《中华人民共和国专利法实施细则》第九十三条规定："向国务院专利行政部门申请专利和办理其他手续时，应当缴纳下列费用：

（一）申请费、申请附加费、公布印刷费、优先权要求费；

（二）发明专利申请实质审查费、复审费；

（三）年费；

（四）恢复权利请求费、延长期限请求费；

（五）著录事项变更费、专利权评价报告请求费、无效宣告请求费。

前款所列各种费用的缴纳标准，由国务院价格管理部门、财政部门会同国务院专利行政部门规定。"

部分收费标准如表 2-1 所示，完整收费标准见附录 B。

表 2-1	专利申请官费（部分）	单位：元
专利收费		
（一）申请费		
1. 发明专利		900
2. 实用新型专利		500
3. 外观设计专利		500
（二）申请附加费		
1. 权利要求附加费从第 11 项起每项加收		150
2. 说明书附加费从第 31 页起每页加收		50
从第 301 页起每页加收		100
（三）公布印刷费		50
（四）优先权要求费（每项）		80
（五）发明专利申请实质审查费		2500

注 官费可能会不时调整，具体费用以当时公布的标准为准。

2.2.2 专利收费减缓规定

《中华人民共和国专利法实施细则》第一百条规定："申请人或者专利权人缴纳本细则规定的各种费用有困难的，可以按照规定向国务院专利行政部门提出减缴或者缓缴的请求。减缴或者缓缴的办法由国务院财政部门会同国务院价格管理部门、国务院专利行政部门规定。"

《专利收费减缴办法》第二条规定："专利申请人或者专利权人可以请求减缴下列专利收费：

（一）申请费（不包括公布印刷费、申请附加费）；

（二）发明专利申请实质审查费；

（三）年费（自授予专利权当年起十年内的年费）；

（四）复审费。"

《专利收费减缴办法》第三条规定："专利申请人或者专利权人符合下列条件之一的，可以向国家知识产权局请求减缴上述收费：

（一）上年度月均收入低于 5000 元（年 6 万元）的个人；

（二）上年度企业应纳税所得额低于 100 万元的企业；

（三）事业单位、社会团体、非营利性科研机构。

两个或者两个以上的个人或者单位为共同专利申请人或者共有专利权人的，应当分别符合前款规定。"

《专利收费减缴办法》第四条规定："专利申请人或者专利权人为个人或者单位的，减缴第二条规定收费的 85%。

两个或者两个以上的个人或者单位为共同专利申请人或者共有专利权人的，减缴第二条规定收费的 70%。"

《专利收费减缴办法》第五条规定："专利申请人或者专利权人只能请求减缴尚未到期的收费。减缴申请费的请求应当与专利申请同时提出，减缴其他收费的请求可以与专利申请同时提出，也可以在相关收费缴纳期限届满日两个半月之前提出，未按上述规定提交减缴请求的，不予减缴。"

2.3 申请专利的途径

申请专利的途径主要包括以下两种：

1. 自行申请

专利申请人直接向国家知识产权局专利局办理专利申请。

2. 委托专利代理机构申请

专利申请人委托专利代理机构以委托人的名义向国家知识产权局专利局办理专利申请。

2.3.1　专利申请的代理

专利申请的代理是指，专利代理机构接受委托，以委托人的名义在代理权限范围内办理专利申请等专利事务的行为。

《中华人民共和国专利法》第十八条规定："在中国没有经常居所或者营业所的外国人、外国企业或者外国其他组织在中国申请专利和办理其他专利事务的，应当委托依法设立的专利代理机构办理。中国单位或者个人在国内申请专利和办理其他专利事务的，可以委托依法设立的专利代理机构办理。专利代理机构应当遵守法律、行政法规，按照被代理人的委托办理专利申请或者其他专利事务；对被代理人发明创造的内容，除专利申请已经公布或者公告的以外，负有保密责任。专利代理机构的具体管理办法由国务院规定。"

2.3.2　专利代理机构的作用

专利代理机构是国家知识产权局专利局批准设立，可以接受委托人的委托，在委托权限范围内以委托人的名义办理专利申请或其他专利事务的服务机构。

申请专利或者办理其他专利实务，往往需要委托专利代理机构，因为专利涉及技术问题，也涉及法律和经济问题，需要具有专门的专利相关知识。普通技术人员熟悉技术，但不熟悉专利法和审查指南等。在申请专利时，需要考虑这些问题：一项技术成果是否符合授予专利的条件；是否适用于或者是否值得申请专利；如果提出专利申请，保护范围应当怎样拟定才有利于实现申请人利益的最大化；是否需要向外国申请专利；应当向哪些国家申请专利等。判断这些问题都需要技术、经济和专利法律等专业知识。而专利代理师受过这方面的专业知识培训，不仅可以向申请人提供咨询意见，而且可以帮助申请人办理具体的专利事务。对于专利行政部门来说，专利代理师代办专利申请，一般能符合专利法的要求。可以减轻专利行政部门的工作负担，加速审批程序，因此这对专利申请人和专利行政部门都有利。

2.4　专利申请文件的撰写

根据《中华人民共和国专利法》的规定，一件发明专利申请应当有说明书（必要时应当有附图）及其摘要和权利要求书；一件实用新型专利申请应当有说明书（包括附图）及其摘要和权利要求书。

说明书和权利要求书是记载发明或者实用新型及确定其保护范围的法律文件。说明书及附图主要用于清楚、完整地描述发明或者实用新型，使所属技术领域的技术人员能够理解和实施该发明或者实用新型。权利要求书应当以说明书为依据，清楚、简要地限定要求专利保护的范围。

发明或者实用新型专利权的保护范围以其权利要求的内容为准，说明书及附图可以用于解释权利要求的内容。

2.4.1　权利要求书的撰写

一项专利申请文件中的权利要求书中，应当既有独立权利要求，也有从属权利要求。

1. 独立权利要求

独立权利要求应当从整体上反映发明或者实用新型的技术方案，记载解决技术问题的必要技术特征。必要技术特征是指，发明或者实用新型为解决其技术问题所不可缺少的技术特征，其总和足以构成发明或者实用新型的技术方案，使之区别于背景技术中所述的其他技术方案。

判断某一技术特征是否为必要技术特征，应当从所要解决的技术问题出发并考虑说明书描述的整体内容，不应简单地将实施例中的技术特征直接认定为必要技术特征。

在一件专利申请的权利要求书中，独立权利要求所限定的一项发明或者实用新型的保护范围最宽。

《中华人民共和国专利法实施细则》第二十一条规定："发明或者实用新型的独立权利要求应当包括前序部分和特征部分，按照下列规定撰写：

（1）前序部分：写明要求保护的发明或者实用新型技术方案的主题名称和发明或者实用新型主题与最接近的现有技术共有的必要技术特征。

（2）特征部分：使用'其特征是……'或者类似的用语，写明发明或者实用新型区别于最接近的现有技术的技术特征。这些特征和前序部分写明的特征合在一起，限定发明或者实用新型要求保护的范围。

发明或者实用新型的性质不适于用前款方式表达的，独立权利要求可以用其他方式撰写。一项发明或者实用新型应当只有一个独立权利要求，并写在同一发明或者实用新型的从属权利要求之前。"

2. 从属权利要求

如果一项权利要求包含了另一项同类型权利要求中的所有技术特征，且对该另一项权利要求的技术方案作了进一步的限定，则该权利要求为从属权利要求。由于从属权利要求用附加的技术特征对所引用的权利要求作了进一步的限定，所以其保护范围落在其所引用的权利要求的保护范围之内。

从属权利要求中的附加技术特征，可以是对所引用的权利要求的技术特征作进一步限定的技术特征，也可以是增加的技术特征。

《中华人民共和国专利法实施细则》第二十二条规定："发明或者实用新型的从属权利要求应当包括引用部分和限定部分，按照下列规定撰写：

（1）引用部分：写明引用的权利要求的编号及其主题名称；

（2）限定部分：写明发明或者实用新型附加的技术特征。

从属权利要求只能引用在前的权利要求。引用两项以上权利要求的多项从属权利要求，只能以择一方式引用在前的权利要求，并不得作为另一项多项从属权利要求的基础。"

3. 权利要求的撰写要求

《中华人民共和国专利法》第二十六条第四款规定："权利要求书应当以说明书为依据，清楚、简要地限定要求专利保护的范围。"

（1）以说明书为依据。权利要求书应当以说明书为依据，是指权利要求应当得到说明书的支持。权利要求书中的每一项权利要求所要求保护的技术方案应当是所属技术领域的技术人员能够从说明书充分公开的内容中得到或概括得出的技术方案，并且不得超出说明书公开的范围。

权利要求通常由说明书记载的一个或者多个实施方式或实施例概括而成。权利要求的概括应当不超出说明书公开的范围。如果可以合理预测说明书给出的实施方式的所有等同替代方式或明显变型方式都具备相同的性能或用途，则可以将权利要求的保护范围概括至覆盖其所有的等同替代或明显变型的方式。

对于用上位概念概括或并列选择方式概括的权利要求，这种概括应该得到说明书的支持。如果权利要求的概括包含申请人推测的内容，而其效果又难于预先确定和评价，则这种概括超出了说明书公开的范围。如果权利要求的概括使所属技术领域的技术人员有理由怀疑该上位概括或并列概括所包含的一种或多种下位概念或选择方式不能解决发明或者实用新型所要解决的技术问题，并达到相同的技术效果，则该权利要求没有得到说明书的支持。

在判断权利要求是否得到说明书的支持时，应当考虑说明书的全部内容，而不仅限于具体实施方式部分的内容。如果说明书的其他部分也记载了有关具体实施方式或实施例的内容，从说明书的全部内容来看，能说明权利要求的概括是适当的，则应当认为权利要求得到了说明书的支持。

（2）清楚。权利要求书应当清楚，一是指每一项权利要求应当清楚；二是指构成权利要求书的所有权利要求作为一个整体也应当清楚。

首先，每项权利要求的类型应当清楚。权利要求的主题名称应当能够清楚地表明该权利要求的类型是产品权利要求还是方法权利要求。不允许采用模糊不清的主题名称，例如"一种……技术"；或者在一项权利要求的主题名称中既包含有产品又包含有方法，例如"一种……产品及其制造方法"。

其次，权利要求的主题名称还应当与权利要求的技术内容相适应。产品权利要求适用于产品发明或者实用新型，通常应当用产品的结构特征来描述。方法权利要求适用于方法发明，通常应当用工艺过程、操作条件、步骤或者流程等技术特征来描述。

此外，每项权利要求所确定的保护范围应当清楚。权利要求中不得使用含义不确定的用语，如"厚""薄""强""弱""高温""高压""很宽范围"等，除非这种用语在特定技术领域中具有公认的确切含义，如放大器中的"高频"；权利要求中不得出现"例如""最好是""尤其是""必要时"等类似用语，因为这类用语会在一项权利要求中限定出不同的保护范围，导致保护范围不清楚；权利要求中不得使用"约""接近""等""或类似物"等类似的用语，因为这类用语通常会使权利要求的范围不清楚；除附图标记或者化学式及数学式中使用的括号之外，权利要求中应尽量避免使用括号，以免造成权利要求不清楚。

（3）简要。权利要求书应当简要，一是指每一项权利要求应当简要；二是指构成权利要求书的所有权利要求作为一个整体也应当简要。

权利要求的数目应当合理。在权利要求书中，允许有合理数量的限定发明或者实用新型优选技术方案的从属权利要求。

权利要求的表述应当简要，除记载技术特征外，不得对原因或者理由作不必要的描述，也不得使用商业性宣传用语。

为避免权利要求之间相同内容的不必要重复，在可能的情况下，权利要求应尽量采取引用在前权利要求的方式撰写。

2.4.2　说明书的撰写

1. 说明书应包含的内容

《中华人民共和国专利法实施细则》第十七条规定："发明或者实用新型专利申请的说明书应当写明发明或者实用新型的名称，该名称应当与请求书中的名称一致。说明书应当包括下列内容：

（1）技术领域：写明要求保护的技术方案所属的技术领域。

（2）背景技术：写明对发明或者实用新型的理解、检索、审查有用的背景技术；有可能的，并引证反映这些背景技术的文件。

（3）发明内容：写明发明或者实用新型所要解决的技术问题以及解决其技术问题采用的技术方案，并对照现有技术写明发明或者实用新型的有益效果。

（4）附图说明：说明书有附图的，对各幅附图作简略说明。

（5）具体实施方式：详细写明申请人认为实现发明或者实用新型的优选方式；必要时，举例说明；有附图的，对照附图。

发明或者实用新型专利申请人应当按照前款规定的方式和顺序撰写说明书，并在说明书每一部分前面写明标题，除非其发明或者实用新型的性质用其他方式或者顺序撰写能节约说明书的篇幅，并使他人能够准确理解其发明或者实用新型。

发明或者实用新型说明书应当用词规范、语句清楚，并不得使用"如权利要求……所述的……"一类的引用语，也不得使用商业性宣传用语。

实用新型专利申请说明书应当有表示要求保护的产品的形状、构造或者其结合的附图。"

《中华人民共和国专利法实施细则》第十八条规定："发明或者实用新型的几幅附图应当按照'图1，图2，…'的顺序编号排列。"

发明或者实用新型说明书文字部分中未提及的附图标记不得在附图中出现，附图中未出现的附图标记不得在说明书文字部分中提及。申请文件中表示同一组成部分的附图标记应当一致。附图中除必需的词语外，不应当含有其他注释。"

2. 说明书撰写要求

《中华人民共和国专利法》第二十六条第三款规定："说明书应当对发明或者实用新型作出清楚、完整的说明，以所属技术领域的技术人员能够实现为准；必要的时候，应当有附图。"

（1）清楚。说明书应当写明发明或者实用新型所要解决的技术问题以及解决其技术问题采用的技术方案，并对照现有技术写明发明或者实用新型的有益效果。上述技术问题、技术方案和有益效果应当相互适应，不得出现相互矛盾或不相关联的情形。

说明书应当使用发明或者实用新型所属技术领域的技术术语。说明书的表述应当准确地表达发明或者实用新型的技术内容，不得含糊不清或者模棱两可，以致所属技术领域的技术人员不能清楚、正确地理解该发明或者实用新型。

（2）完整。完整的说明书应当包括有关理解、实现发明或者实用新型所需的全部技术内容。一份完整的说明书应当包含下列各项内容：帮助理解发明或者实用新型不可缺少的内容，比如所属技术领域、背景技术等；确定发明或者实用新型具有新颖性、创造性和实用性所需的内容，比如发明或者实用新型所要解决的技术问题，解决其技术问题采用的技术方案和发明或者实用新型的有益效果；实现发明或者实用新型所需的内容，比如为解决发明或者实用新型的技术问题而采用的技术方案的具体实施方式。

应当指出，凡是所属技术领域的技术人员不能从现有技术中直接、唯一得出的有关内容，均应当在说明书中描述。

（3）能够实现。所属技术领域的技术人员能够实现，是指所属技术领域的技术人员按照说明书记载的内容，就能够实现该发明或者实用新型的技术方案，解决其技术问题，并且产生预期的技术效果。

说明书应当清楚地记载发明或者实用新型的技术方案，详细地描述实现发明或者实用新型的具体实施方式，完整地公开对于理解和实现发明或者实用新型必不可少的技术内容，达到所属技术领域的技术人员能够实现该发明或者实用新型的程度。

2.4.3　说明书与权利要求书的关系

说明书和权利要求书均是重要的专利申请文件，但两者所起的作用不同。说明书的主要作用是充分公开发明创造，让公众知晓其发明创造，并根据其公开可以实施其发明创造。权利要求书的作用是简要地概括发明创造的保护范围。但是两者的作用并不是断然分开的，在概括保护范围方面，说明书和附图可以用来解释权利要求，而在公开发明创造方面，权利要求书也是原始公开的一部分，即如果某一技术特征未在说明书中记载，但是在权利要求书中记载了，仍属于原始公开的范围，也可以将该特征补入说明书。说明书与权利要求书各有分工，但亦相互关联，共同来实现专利申请的以公开换保护。

2.5　专利申请原则、策略

2.5.1　先申请原则

《中华人民共和国专利法》第九条第二款规定："两个以上的申请人分别就同样的发明创造申请专利的，专利权授予最先申请的人。"

在产品销售之前、标准制定之前或者是在研讨会之前，都应该先申请专利。

2.5.2　专利申请策略

1. 占领技术制高点、保护核心技术

随着我国大力鼓励创新活动，越来越多的企业在不同的技术领域拥有了在国内外具有领先地位的创新成果。基于我国和大多数国家的专利制度均采用先申请原则的前提下，企业配合研发进程，应该尽早地提出专利申请。特别是在竞争者多、竞争者与本企业研发实力相当、产品市场需求强，或者容易被模仿的情况下，对于特定的技术问题一旦有了可达到相应效果的完整技术方案，就应当及早提出专利申请。

对于企业在科技研发中的各项成果，即使是阶段性的成果，也应该及时申请专利进行保护。

对于这种目的的专利申请，应当仔细斟酌权利要求的布局、维权的可行性、后续程序中权利要求的稳定性等，以获得更大和更多的保护范围，为企业争取更多的权益。

另外，必要时，企业还应考虑企业产业链形态或者技术发展周边延伸的可能形态，扩展其创新成果体现形式，通过一件专利申请中布局多个独立权利要求、匹配多种实施方式，或通过申请多个专利申请进行保护，或者采取后续程序中主动分案等方式进行扩展保护。

2. 系列申请逐步推进

对于在某领域内处于技术领先地位的企业，可能会考虑其在该领域内提交专利申请的节奏，使其在该领域长期保持技术领先优势。由于专利申请文件中必须公布其技术方案，在企业技术秘密管理机制万无一失的情况下，对于所完成的发明创造，可以考虑逐步分时提出专利申请，以延长自身在该领域技术领先地位，同时在该领域持续拥有专利技术。

对于这种申请策略，企业应重点考虑系列专利内容的前后衔接、技术方案公开的程度等。即，在保证本申请技术方案完整、拥有专利三性（新颖性、创造性、实用性）的同时，还要给后续专利申请留有空间。另外，要注意出于此目的的专利申请提交后，应尽可能放缓步伐，例如不要求提前公开等，以便有足够的时间考虑后面的研发和专利申请策略。

3. 与标准关联

技术专利化、专利标准化的战略越来越被国内外企业所接受或运用。将专利纳入行业、国家或国际标准中，在一定程度上有助于专利技术的推广及确立申请人在行业的技术地位，还有助于抵御或减少申请人知识产权风险，当然也有助于申请人通过许可等方式获得更大的知识产权利益。许多发达国家、跨国公司和产业联盟都力求将自己的专利技术提升为标准，以求掌握市场的主动权、拥有行业竞争的话语权，从而获取最大的经济利益。但是，由于标准的功效与专利不同，且标准制定的程序和表述规则与专利不同，如何将专利与标准相关联是问题的关键。

对于这种申请策略，需要注意专利申请文件中技术内容表达尽可能与技术标准相一致。权利要求的技术特征应给出适度的上位概括或功能性限定，同时应该考虑在说明书中提供多种实施方式，布局逐步缩小限定范围的多项权利要求，提高授权和确权的可能性，也提高被认定为涉及标准的必要专利的概率。

4. 国际战略

随着我国国家知识产权战略的推进，我国企业更多地进入国际市场，越来越多的企业申请人的专利申请项目在后续会申请国外专利，且通常会要求优先权，在这种情况下，应考虑好与国外专利申请的衔接问题。例如，对于有些在中国不能被授予专利权的主题，在其他国家是有可能通过专利权的形式给予保护的。如果针对这些主题有向国外申请专利的计划，则需要在首次提交中国专利申请时包含这些内容，否则可能会造成优先权的损失。

5. 与技术秘密保护相结合

对专利申请项目本身或其中的部分技术内容要求保密而不公开的情形，常见有以下两种：

（1）发明创造中符合专利授权条件的大部分内容申请专利，但对其中的关键部件、核心参数等不在专利申请中披露，作为技术秘密来保护。

（2）发明创造中的某个相对独立的部分或某个配件申请专利，发明创造的不易通过反向工程获得的整体配置则作为技术秘密保护。

在第（1）种情形下，竞争对手虽然能够依据专利说明书等资料实施该专利技术，但要达到较为理想的实施效果，仍然需要获取该技术秘密，才能实现最佳效果。这样就能够提高专利权人在签订许可或转让合同中的地位，实现更大的经济效益。

在第（2）种情形下，发明创造必须整体实施才有商业价值，但是整体配置作为技术秘密并未在专利中披露。即使该技术秘密被竞争对手获悉，由于专利仍控制着产品部分细节或参数，他人要生产完整的产品，仍然需要和专利权人签订许可证合同。原则上，对发明创造中容易被竞争对手仿造且不容易保密的部分申请专利保护，而对发明创造中技术难度较大且不容易仿造的部分作为技术秘密保护。但是要注意专利保护与技术秘密保护的各自利与弊。

6. 公开技术、排除自身专利风险

在激烈的市场竞争中，专利申请成为一种可多方位运用的有效工具，通过申请专利阻击他人先于自己完成同类技术的研发并获得专利，已经成为企业在市场竞争中有效利用专利制度的一种有效的策略。

第一种情况，企业自身在申请专利时并未完成技术研发，但是已经明确了该技术研发的方向和一些关键点、重要参数等，即尽快提交专利申请，以期在技术发展方向上获得先机，避免因竞争对手获得该技术的专利，而限自身于被动。这种情况下，并非一定要自己获得该专利权。

第二种情况，企业出于排除竞争对手可能的潜在周边技术专利影响其主业的目的，需要就其非核心技术采取公开的方式贡献社会，申请专利是最佳方式之一。

第三种情况，企业主动通过专利申请公开信息，迷惑或者误导竞争对手，让竞争对手不清楚本企业的技术发展方向从而无法跟踪自己的发展，而不是考虑如何获得这些专利权或者在将来会使用这些专利权。

7. 专利类型选择策略

申请人既希望将发明创造申请发明专利以获较长时间的保护，但同时又希望能尽快获得专利权，这种情况下可以采取申请发明专利的同时，同一天再提交一份实用新型专利申请的策略。

在我国，实用新型专利不需要进行实质审查，申请后通过初步审查即公告并授予专利权。虽然我国不允许发明和实用新型的重复授权，但是申请人可对同一发明创造同时申请发明专利和实用新型专利，并在专利申请请求书中作出相关声明。在实用新型专利权被授予后，对发明专利申请授权之前，允许申请人通过放弃之前授权的实用新型专利权的方式来获得对发明专利权的保护。

2.6 专 利 复 审

复审程序是因申请人对驳回决定不服而启动的救济程序，同时也是专利审批程序的延续。

2.6.1 专利复审期限

（1）在收到知识产权局作出的驳回决定之日起三个月内，专利申请人可以向专利复审委员会提出复审请求。提出复审请求的期限不符合上述规定的，复审请求不予受理。

（2）提出复审请求的期限不符合上述规定，但在专利复审委员会作出不予受理的决定后，复审请求人提出恢复权利请求的，如果该恢复权利请求符合专利法实施细则第六条和第九十九条第一款有关恢复权利的规定，则允许恢复，且复审请求应当予以受理；不符合该有关规定的，不予恢复。

（3）提出复审请求的期限不符合上述规定，但在专利复审委员会作出不予受理的决定前，复审请求人提出恢复权利请求的，可对上述两请求合并处理。该恢复权利请求符合《中华人民共和国专利法实施细则》第六条和第九十九条第一款有关恢复权利的规定的，复审请求应当予以受理；不符合该有关规定的，复审请求不予受理。

2.6.2 专利复审流程

图 2-4 所示为专利复审流程，主要包括复审程序启动、形式审查、前置审查、合议审查、复审决定、司法救济程序等。

1. 专利复审程序启动

专利复审程序启动的时间：专利复审程序的启动有一定的时间限制，专利申请人在接到驳回专利申请通知后 3 个月的时间内可以决定是否请求复审。

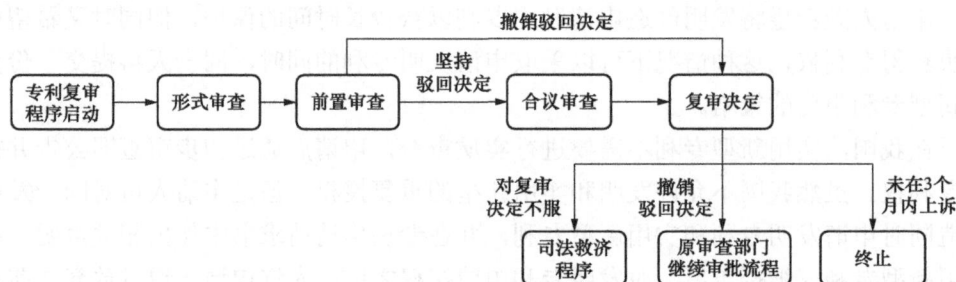

图 2-4　专利复审流程

复审程序启动的主体是专利申请人，只有专利申请人才有资格提起复审请求，其他任何单位和个人都无权启动复审程序。

2. 形式审查

复审和无效审理部收到复审请求书后，应当进行形式审查。形式审查的内容主要包括：①对复审请求客体的审查，判断复审请求的客体是否是针对知识产权局作出的驳回决定的；②对复审请求人资格的审查，复审请求人是被驳回申请的申请人；③对期限的审查；④对文件的审查；⑤费用的审查；⑥委托手续的审查。

3. 前置审查

复审和无效审理部将经过形式审查合格的复审请求书（包括附具的证明文件和修改后的申请文件）连同原申请案卷一并送交作出驳回申请决定的原审查部门进行前置审查。原审查部门应当向复审和无效审理部提出"前置审查意见书"。除特殊情况外，原审查部门应当在自收到案卷之日起 1 个月内完成前置审查。原审查部门在前置审查意见中同意撤销原驳回决定的，复审和无效审理部直接作出撤销原驳回决定的复审决定，通知复审请求人，并且由原审查部门继续进行审批。原审查部门在前置审查意见中坚持原驳回决定的，复审和无效审理部成立合议组进行合议审查。

4. 合议审查

合议组一般仅针对驳回决定所依据的理由和证据进行审查。合议组可以采取书面受理、口头审理或者书面审理与口头审理相结合的方式进行审查。

5. 复审决定

合议组经审查后作出复审决定。复审决定有两大类：一种是撤销原驳回决定，专利申请将恢复到作出驳回决定前的状态，国务院专利行政部门继续进行审查程序；另一种是维持原驳回决定，在这种情况下，专利申请人对复审和无效审理部作出的维持原驳回决定不服的，可以在法定期限内进入后续司法救济程序，若自收到通知之日起 3 个月内未向人民法院起诉，则该复审流程终止。

6. 司法救济程序

根据《中华人民共和国专利法》第四十一条第二款的规定，专利申请人对国务院专利行政部门作出的复审决定不服的，可以自收到通知之日起 3 个月内向人民法院起诉。专利申请人未在规定的期限内起诉的，复审决定生效。专利申请人向法院起诉的，根据法院管辖权的相关规定，由北京市知识产权法院受理。

2.6.3 专利复审费用

表 2-2 列出了专利复审官费，申请人按照减缓比例，在复审期限内缴纳复审费。

表 2-2   专 利 复 审 费 用   单位：元

专利类型	费用（全额）	费用（减缴 85%）	费用（减缓 70%）
1．发明专利	1000	150	300
2．实用新型专利	300	45	90
3．外观设计专利	300	45	90

2.7 专 利 无 效

《中华人民共和国专利法》第四十五条规定："自国务院专利行政部门公告授予专利权之日起，任何单位或者个人认为该专利权的授予不符合专利法规定的，可以请求国务院专利行政部门宣告该专利权无效。"

2.7.1 专利无效流程

图 2-5 所示为专利无效流程，主要包括无效程序启动、形式审查、前合议审查、审查决定、司法救济程序等。

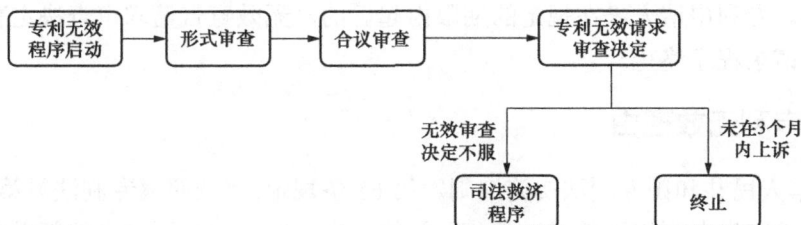

图 2-5 专利无效流程

1. 专利无效程序启动

无效宣告程序是专利公告授权后，依当事人请求而启动的，通常为双方当事人参加的程序。请求宣告专利权无效或者部分无效的，应当向复审和无效审理部提交专利权无效宣告请求书和必要的证据一式两份。无效宣告请求书应当结合提交的所有证据，具体说明无效宣告请求的理由，并指明每项理由所依据的证据。

2. 形式审查

复审和无效审理部收到无效宣告请求书后，应当进行形式审查。形式审查的内容主要包括：①对无效宣告请求客体的审查；②对无效宣告请求人资格的审查；③对无效宣告请求范围以及理由和证据的审查；④对文件形式的审查；⑤对费用的审查；⑥对委托手续的审查。

3. 合议审查

在无效宣告程序中，复审和无效审理部通常仅针对当事人提出的无效宣告请求的范围、理由和提交的证据进行审查，不承担全面审查专利有效性的义务。

复审和无效审理部作出宣告专利权部分无效的审查决定后，当事人未在收到该审查决定之日起三个月内向人民法院起诉或者人民法院生效判决维持该审查决定的，针对该专利权的其他无效宣告请求的审查以维持有效的专利权为基础。

4. 无效宣告请求审查决定

无效宣告请求审查决定分为下列三种类型：

（1）宣告专利权全部无效。

（2）宣告专利权部分无效。

（3）维持专利权有效。

宣告专利权无效包括宣告专利权全部无效和部分无效两种情形。根据《中华人民共和国专利法》第四十七条的规定，宣告无效的专利权视为自始即不存在。

5. 司法救济程序

根据《中华人民共和国专利法》第四十六条第二款的规定，对国务院专利行政部门宣告专利权无效或者维持专利权的决定不服的，可以自收到通知之日起三个月内向人民法院起诉。人民法院应当通知无效宣告请求程序的对方当事人作为第三人参加诉讼。专利申请人未在规定的期限内起诉的，无效宣告请求审查决定有效，该无效宣告请求程序终止。

2.7.2 专利无效理由

《中华人民共和国专利法实施细则》第 65 条规定："依照《专利法》第 45 条的规定，请求宣告专利权无效或者部分无效的，应当向复审和无效审理部提交专利权无效宣告请求书和必要的证据一式两份。无效宣告请求书应当结合提交的所有证据，具体说明无效宣告请求的理由，并指明每项理由所依据的证据。"

无效宣告请求的理由包括：

（1）不符合《中华人民共和国专利法》第二条的规定，即被授予专利权的发明创造不属于发明、实用新型和外观设计保护客体的情况。

（2）不符合《中华人民共和国专利法》第十九条第一款的规定，即任何单位或者个人将在中国完成的发明或者实用新型向外国申请专利，但未事先报经国务院专利行政部门进行保密审查的情况。

（3）不符合《中华人民共和国专利法》第二十二条的规定，即被授予专利权的发明或者实用新型专利不具有新颖性、创造性和实用性的情况。

（4）不符合《中华人民共和国专利法》第二十三条的规定，即被授予专利权的外观设计专利为现有设计、与现有设计不具有明显区别或与在先取得的合法权利相冲突的情况。

（5）不符合《中华人民共和国专利法》第二十六条第三款的规定，即被授予专利权的发明或者实用新型专利的说明书中存在不清楚、不完整，造成本领域技术人员无法实现的情况。

（6）不符合《中华人民共和国专利法》第二十六条第四款的规定，即被授予专利权的发明或者实用新型专利的权利要求书存在未以说明书为依据、权利要求保护范围不清楚的情况。

（7）不符合《中华人民共和国专利法》第二十七条第二款的规定，即被授予专利权的外观设计专利没有清楚显示所要求保护的产品的情况。

（8）不符合《中华人民共和国专利法》第三十三条的规定，即对专利申请文件的修改超出原始申请文件记载的范围的情况。

（9）不符合《中华人民共和国专利法实施细则》第二十条第二款的规定，即被授予专利权的发明或者实用新型专利的独立权利要求缺少解决技术问题的必要技术特征的情况。

（10）不符合《中华人民共和国专利法实施细则》第四十三条第一款的规定，即被授予专利权的分案申请超出了原申请记载的范围。

（11）属于《中华人民共和国专利法》第五条的规定，即被授予专利权的专利属于违反法律、社会公德或者妨害公共利益的发明创造。

（12）属于《中华人民共和国专利法》第二十五条的规定，即被授予专利权的专利属于以下几种情况：

1）科学发现；

2）智力活动的规则和方法；

3）疾病的诊断和治疗方法；

4）动物和植物品种；

5）原子核变换方法以及用原子核变换方法获得的物质；

6）对平面印刷品的图案、色彩或者二者的结合作出的主要起标识作用的设计。

注：对前款第（四）项所列产品的生产方法，可以依照本法规定授予专利权。

（13）依照《中华人民共和国专利法》第九条规定不能取得专利权，即被授予专利权的专利属于同样的发明创造的情况。

2.7.3　专利无效费用

请求人自提出无效宣告请求之日起一个月内需要缴纳无效宣告请求费，未缴纳或者未缴足无效宣告请求费的，其无效宣告请求视为未提出。表 2-3 列出了无效宣告请求费用。

表 2-3	专 利 无 效 请 求 费	单位：元
无效宣告请求费		
1. 发明专利权	3000	
2. 实用新型专利权	1500	
3. 外观设计专利权	1500	

3 国际专利申请

3.1 国际专利和国内专利的区别

对于国际专利，我们通常可理解为"国外专利"，作为中国公民，中国专利是我们的"国内专利"。

因此，对我国申请人来说，国际专利与中国专利的区别便是"国外专利"与"国内专利"的区别，即专利保护区域的不同。

1. 国内专利

我国专利有三种类型，包括发明、实用新型和外观设计。

发明：是指对产品、方法或者其改进所提出的新的技术方案。

实用新型：是指对产品的形状、构造或者其结合所提出的适于实用的新的技术方案。

外观设计：是指对产品的形状、图案或者其结合以及色彩与形状、图案的结合所作出的富有美感并适于工业应用的新设计。

2. 国际专利

广义上，国际专利申请指的是向外国提出的专利申请。狭义上，国际专利是申请人就一项发明创造在《专利合作条约》缔约国获得专利保护时，按照规定的程序向某一缔约国的专利主管部门提出的专利申请。也就是说《专利合作条约》缔约国的国民想要对某一技术向缔约国中的一个或多个国家申请获得专利保护时，可以按照《专利合作条约》所规定的程序，向《专利合作条约》所指定的受理单位或国际局，递交指定语种的申请文件，这一个递交程序就视为已经在所有的《专利合作条约》缔约国递交了专利申请。

3.2 国际专利申请的评审要素

对于我国申请人来说，申请国际专利的考虑因素有：

1. 当前和潜在的产品市场所在地

产品在一个国家或地区是否存在巨大的市场需求，是一个非常关键的考虑因素。足够的市场需求是在该市场获得专利权保护的动力。

2. 主要竞争对手及其产品市场所在地

对于竞争对手已经或即将进行生产销售的国家或地区，可以优先进行专利申请，从技术上限制竞争对手，从而提高竞争优势。

3. 相关技术发达的国家或地区

虽然产品在一个国家或地区当前或将来一段时间内没有市场，但是相关技术在该国家或地区非常发达，在该国家或地区申请专利，可以作为其他地区的竞争砝码。

4. 资源环境

对于依赖自然资源进行的技术研发，需要选择资源丰富的国家或地区进行专利申请。

5. 专利保护环境

需要考虑目标国家或地区对专利的保护强度、专利保护类型、保护期限，以及司法环境等。

在上述考虑因素的基础上，可按照表 3-1 所示的国际专利评审表，判断是否申请国际专利以及向哪些国家和地区申请专利。

表 3-1   国际专利申请评审表

评审项	因素 1	因素 2	因素 3	因素 4	因素 5	因素 6
目标国家或地区	海外产品主要销售地	海外专利授权率	海外专利费用	竞争对手所在地	专利保护环境	专利保护期限

3.3   国际专利申请的途径

3.3.1 PCT 申请概述

PCT 为《专利合作条约》（Patent Cooperation Treaty）的简称，于 1970 年签订。

通过 PCT 申请途径，申请人可以通过提交一份"国际申请"（即 PCT 申请），该 PCT 申请的申请日（也称为国际申请日）在所有 PCT 成员国均有申请日的效力，后续如果申请人想在某些目标成员国获得专利保护，则申请人可以将该 PCT 申请分别"进入"这些目标成员国。

PCT 成员国的任何国民或居民均可提出 PCT 申请。申请人一般可以向本国专利局提出 PCT 申请；也可以向设在日内瓦的世界知识产权组织国际局（WIPO）提出 PCT 申请。PCT 申请途径主要解决多国申请的程序问题（受理、国际检索、国际初审），不对 PCT 申请进行实质审查授予"国际专利权"。因此存在"国际申请"，而不存在"国际专利"。专利权仍然需要各个成员国的专利局授予。

截至目前，PCT 已有 153 个缔约国。中国 1994 年正式成为 PCT 缔约国，中国国家知识产权局 CNIPA 为 PCT 申请的受理局（RO）、国际检索单位（ISA）和国际初步审查单位（IPEA）。受理局是指可以受理 PCT 申请的国家专利局；国际检索单位是指可以对 PCT 申请进行国际检索的专利局；国际初步审查单位是指可以对 PCT 申请进行国际初步审查的专利局。并非每一个 PCT 缔约国的专利局都可以成为受理局、国际检索单位或国际初步审查单位。一些主要的国家和地区专利局以及 WIPO 都是受理局（RO）、国际检索单位（ISA）和国际初步审查单位（IPEA），例如中国国家知识产权局（CNIPA）、日本特许厅（JPO）、美国专利商标局（USPTO）、韩国特许厅（KIPO）、德国专利商标局（DPMA）、欧洲专利局（EPO）。

中国申请人可以用中文或英文向 CNIPA 提交 PCT 申请，也可以向 WIPO（IB）提交 PCT 申请。

3.3.2 《巴黎公约》概述

《保护工业产权巴黎公约》（Paris Convention for the Protection of Industrial Property）简称《巴黎公约》，于 1883 年 3 月 20 日在巴黎签订，1884 年 7 月 7 日生效。《巴黎公约》适用于最广义的工业产权，包括专利、商标、工业品外观设计、实用新型、服务商标、厂商名称、地理标志以及制止不正当竞争。《巴黎公约》的基本目的是保证一成员国的工业产权在所有其他成员国都能得到保护。《巴黎公约》最初的成员国为 11 个，截止到 2017 年 5 月 14 日，缔约国总数已达 177 个。中国 1985 年 3 月 19 日成为《巴黎公约》的成员国。

《巴黎公约》规定了以下几个主要原则：

1. 国民待遇原则

在工业产权保护方面，各公约成员国对于该国国民和其他公约成员国的国民，必须在法律上给予相同的待遇，也称为国民待遇。

即使是非成员国国民，只要他在某一公约成员国内具有住所，或具有真实有效的工商营业所，各公约成员国亦应给予国民待遇。

2. 优先权原则

发明、实用新型和工业品外观设计的申请人，从首次向一个成员国提出申请（首次申请）之日起，可以在一定期限内（发明和实用新型为 12 个月，工业品外观设计为 6 个月）就同一发明创造向其他成员国提出申请（在后申请），提出首次申请的日期视为提出在后申请的日期，也称为在后申请享有在先申请的优先权。

享有优先权的条件是，首次申请的内容与在后专利申请的内容相同。如果在后申请中增加了首次申请没有记载的新内容，则新增加的新内容不能享有优先权。

提出首次申请的日期为首次申请的申请日，对于在后申请而言，首次申请的申请日称为优先权日，首次申请的申请号称为优先权号，首次申请的国家称为优先权国。

因此，对于在后申请而言，存在两个日期，一个是提出在后申请的日期，通常称为在后申请的实际申请日；二是在后申请享有的优先权日（即首次申请的申请日）。在后申请授权后的保护期从实际申请日计算，而在评价在后申请的新颖性和创造性时，确定一个文献是否构成在后申请的现有技术，以优先权日为基准。

3. 独立性原则

针对同一发明创造的专利申请在不同国家能否获得授权彼此无关，即各成员国独立地按本国的法律规定进行审查、授权、拒绝、撤销或终止，不受其他成员国对该专利申请处理结果的影响。换言之，已经在某一成员国获得授权的专利申请，在另一成员国也可能被驳回而不能获得授权；反之，在某一成员国被拒绝授权的专利申请，在另一成员国也可能获得授权。同理，针对同一发明创造的专利申请，即使在不同国家都获得了授权，但是不同国家专利权的保护范围可能相同，也可能不同。

3.3.3　PCT 申请途径与《巴黎公约》申请途径的区别

1.《巴黎公约》途径与 PCT 途径比较

《巴黎公约》途径与 PCT 途径比较如图 3-1 和表 3-2 所示。

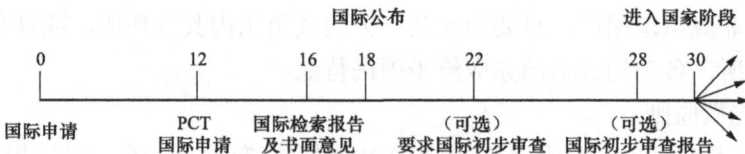

图 3-1　PCT 途径和巴黎公约途径的流程图

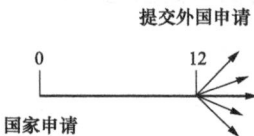

表 3-2　　　　　　　　　　PCT 途径和巴黎公约途径比较

项目	《巴黎公约》途径	PCT 途径
适用专利类型	发明、实用新型、外观设计	发明、实用新型
申请效力范围	单一或少数几个国家	所有 PCT 成员

续表

项目	《巴黎公约》途径	PCT 途径
进入期限	短，发明或实用新型自优先权日起12个月内，外观设计6个月	长，自优先权日起30个月内
申请方式	一表一国，分别申请	一表多国
申请文本	各国不同的指定形式和语言	中国申请人可以用中文或英文提交PCT国际申请
审查方式	国家正常程序，多次检索、公开和审查	先国际阶段审查，然后进入各国国家阶段，国际检索、国际公布、国家审查
审查周期	短	长
费用	各国费用（包括官费、外国代理所代理费和中国代理费）	PCT费用（包括官费和中国代理费）、各国费用（包括官费、外国代理所代理费和中国代理费）
进入国家前专利授权的预判性	低	高，可通过国际检索和初步审查提前了解
适用情形	目标国明确；希望尽快授权；目标国数量少	目标国不确定；短期资金不充足；技术有完善预期或缺乏把握；不急于投放市场的储备性技术

2.《巴黎公约》途径的优缺点

（1）优点。

1）到目标国家的等待时间较短。通过《巴黎公约》途径在国内在先申请日起12个月内（发明或者实用新型）或6个月内（外观设计）即可直接进入目标国家进行专利申请和审查，因此到目标国家申请专利的等待时间较短。

2）省略国际阶段的费用。《巴黎公约》途径无需经过国际阶段，直接进入目标国家，因此可以省略国际阶段的费用。

（2）缺点。

1）准备时间仓促。通过《巴黎公约》途径在国外申请专利，需要在国内在先申请提出后12个月内（发明或实用新型）或6个月内（外观设计）完成进入各个目标国家的手续，时间较为仓促和紧迫，容易导致因优先权期限过期而无法向他国申请专利的情况发生。

2）形式要求复杂。申请人通过《巴黎公约》途径向外国提交专利申请的，在提交前需要提交保密审查请求。而且由于各个国家的本国专利制度不同，因此当需要进入多个不同的国家时，就会面临多种申请文件形式方面的要求，并且需要使用多种不同语言的申请文本。

3）进入海外国家时，经济压力较大。通过《巴黎公约》途径在国外申请专利，虽然可以省略国际阶段的费用，但是当申请人欲寻求专利保护的国家较多时，会一次性产生较多的翻译费、国外律师费和官方费用等，经济压力相对较大。

3. PCT 途径的优缺点

（1）优点。

1）简化申请手续。利用 PCT 途径，申请人只需使用一种语言向一个专利局提交一份申请，就可以在申请日起 30 个月（或 32 个月）内办理进入国家阶段的手续，免去了在多个国家以多种语言提出多份申请并需要符合不同形式要求的麻烦，为申请人向外国申请专利提供了便利。国内申请人利用 PCT 途径提交国际专利申请，可使用自己熟悉的语言（如中文或英文）撰写申请文件，并直接递交到中国国家知识产权局，且不必再另行提交保密审查请求。

2）延长决策时间。PCT 途径一般是先提出国家申请，然后在 12 个月的优先权期限届满前提出 PCT 申请，再在优先权日起 30 个月（或 32 个月）内办理进入国家阶段手续。这样一来，申请人就有更多的时间根据市场变化来进行决策，确定是否在某些国家寻求专利保护。并且，在 PCT 国际阶段，申请人会收到国际检索报告，通过这些信息，申请人可初步判断该申请在各国专利局被授予专利权的前景，从而决定是否有必要继续国家阶段，然后根据需要选择进入某一个或某几个国家进行 PCT 国家阶段的审查。这样有利于准确投入资金，节省不必要的开支。

3）费用方面具有优势。由于 PCT 申请通过一份申请文件满足了各个不同国家的申请形式方面的要求，避免了提交不同形式的文本导致的制作成本、答复形式审查缺陷等产生的成本费用。因此，虽然 PCT 途径相比巴黎公约途径而言，需要多付出 PCT 申请国际阶段的费用，但当申请人欲寻求专利保护的国家较多时，通过 PCT 途径进行专利申请相对于巴黎公约途径在费用上反而具有明显的优势。

4）有完善申请文件的机会。申请人可根据国际检索报告和国际初步审查报告，对专利申请文件进行修改。

5）提高国际竞争力。提交 PCT 专利国际申请被作为衡量专利质量的指标之一，能充分体现申请人的技术创新能力与国际市场竞争力，申请人能借此提升企业知名度，也为企业带来了很好的商业宣传作用。而且一旦通过 PCT 申请获得指定国家的专利授权，企业便可大大提高在相关国家的竞争力，同时可有效提升企业的国际形象。

（2）缺点。

1）类型仅限发明和实用新型。只有发明和实用新型才能通过 PCT 申请国外专利，外观设计不能通过 PCT 途径申请国外专利。

2）时间略长。由于经过了国际阶段，因此，与《巴黎公约》途径相比，时间要长一些。

3）增加了 PCT 国际阶段的费用。相对于《巴黎公约》途径，多产生 PCT 国际阶段的费用。

3.4 国际专利申请流程

3.4.1 PCT 申请

图 3-2 示出了 PCT 申请的简单流程。具体地，PCT 申请的流程主要包括国际阶段和进入目标国家阶段两个阶段。

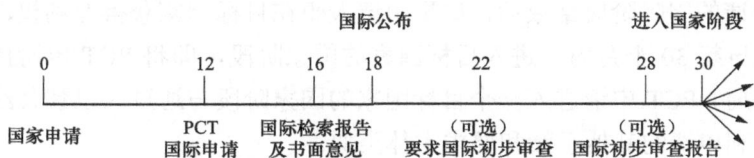

图 3-2 PCT 申请流程

1. 国际阶段

提交申请：申请人以一种语言，向一个国家或地区专利局或者 WIPO 提交一份满足 PCT 形式要求的国际申请，并缴纳 PCT 申请费用。

中国的单位或个人就其在国内完成的发明创造提出 PCT 国际申请的，可先向中国国家知识产权局提出中国专利申请，再以此为优先权提出 PCT 国际申请，也可以直接提出 PCT 国际申请。

国际检索：自优先权日（无优先权时，自申请日，下同）起 16 个月内，"国际检索单位（ISA）"检索可影响 PCT 申请的专利性的专利文献和技术文献（以下统称为现有技术），并提供检索报告（search report）和书面意见（written opinion of the international searching authority）。

国际公布：国际申请自优先权日起 18 个月届满之后公布。

国际初步审查（可选程序）：自优先权日起 22 个月内，经申请人请求，由国际检索单位对 PCT 申请进行国际初步审查，以对 PCT 申请的专利性进行初步分析，并提供国际初审报告（international preliminary report on patentability）。至此，PCT 申请的国际阶段结束。如果申请人不在规定的期限内进入国家阶段，PCT 程序结束，申请人不会获得任何的权利权。

PCT 申请国际阶段的申请文件修改的机会：在 PCT 申请国际阶段，申请人有两次修改机会，见表 3-3。

1）依据《专利合作条约》第 19 条的修改（简称 19 条修改）；

2）依据《专利合作条约》第 34 条的修改（简称 34 条修改）。

表 3-3   PCT 申请国际阶段的申请文件修改

项目	19 条修改	34 条修改
提出期限	自国际检索报告传送之日起 2 个月内或自优先权日起 16 个月内，以后到期为准	自优先权之日起 22 个月或国际检索报告传送之日起 3 个月内
修改范围	权利要求书	权利要求书、说明书、附图
修改目的	国际公布，获得临时保护的目的	获得更有利的关于新颖性、创造性的评价

2. 国家阶段

PCT 申请的国际阶段结束后，如果申请人想在目标国家获得专利权，则通常需要在优先权日起 30 个月内，进入目标国家的国家阶段，即将 PCT 申请提交到目标国家的专利局。PCT 申请进入一个目标国家的国家阶段与通过《巴黎公约》向该目标国提交专利申请的其他手续和要求大体类似。

3.4.2 《巴黎公约》

如图 3-3 所示，申请人在本国提发明或实用新型申请后，可以在 12 月内通过《巴黎公约》途径向外国（例如美国、欧洲专利局、日本、韩国、南非、巴西、俄罗斯等）提出发明或实用新型申请。

中国申请人通过《巴黎公约》途径向外国提交专利申请的大体程序如下：

（1）用中文向中国国家知识产权局（CNIPA）首次提交专利申请，该中国申请称为首次申请。针对向外国提交的在后专利申请，中国申请的申请日称为优先权日，中国为优先权国，中国专利申请号为优先权号。

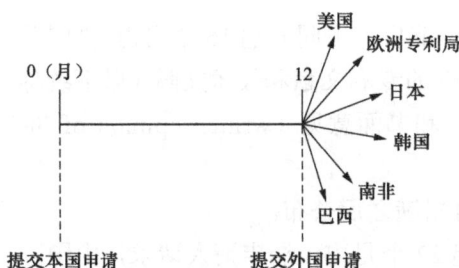

图 3-3 《巴黎公约》申请流程

（2）自上述优先权日起 12 月（发明、实用新型）或 6 个月（外观设计）内，按照要申请外国专利的目标国家的语言、形式等要求向目标国家分别提交外国申请，然后由目标国家按照各自本国法律进行审查，授予专利权或驳回专利申请。

注意事项：

（1）如果一个中国申请不是首次申请，例如，一个中国申请已经要求了在先的另一个中国申请的优先权，则外国申请只能要求所述另一个中国申请的优先权。当然，如果所述一个中国申请相对于所述另一个中国申请增加了新的内容，外国申请可以要求上述两个中国申请的优先权。

（2）如果向外国提出申请超出了 12 个月或 6 个月的期限，则在后的外国申请无法享有中国申请的优先权。如果中国申请已经公开，则无法再向外国提出专利申请，因为中国申请已经公开，构成了外国申请的现有技术，破坏了外国申请的新颖性和创造性。

（3）向不同目标国家提交外国申请，需要将中国申请翻译成相应目标国家的官方语言，例如，如果同时需要将一个中国申请向美国、日本和韩国提出申请，则需要分别翻译成英文、日文和韩文。因此，通过《巴黎公约》途径向外国提交专利申请，需要留出足够的时间以准备相应国家的翻译文本和所需文件。

3.5 国际专利申请费用

3.5.1 国际阶段

选择不同的受理局、国际检索单位、国际初步申请审查单位，在国际阶段的费用是不同的。如果选择国家知识产权局作为受理局、国际检索单位、国际初步审查单位，在国际阶段的具体费用（单位为元）如下：

（1）检索费 2100，附加检索费 2100；

（2）优先权文件费 150；

（3）初步审查费 1500；初步审查附加费 1500；

（4）单一性异议费 200；

（5）副本复制费（每页）2；

（6）后提交费 200；

（7）恢复权利费 1000。

3.5.2 国家阶段

进入国家阶段之后所需缴纳的费用主要包括官费、外国代理所代理费和中国代理所代理费。因进入国家不同，费用会不一样，官费为各国家专利局收取的费用，代理费包括申请的翻译费、专利代理人的撰写费用、OA 答复费用及流程费用等。

3.6 国际专利分类

3.6.1 国际专利分类（IPC）

IPC（International Patent Classification）是根据 1971 年签订的《国际专利分类

的斯特拉斯堡协定》编制的，并于 1975 年 10 月 7 日生效，是目前国际通用的专利文献分类和检索工具。截至 2012 年，该协定已有 61 个成员国。1996 年 6 月 17 日，中国政府向世界知识产权组织递交加入书，1997 年 6 月 19 日中国成为该协定成员国。

国际专利分类表由高至低依次排列分类号，设置的顺序是部、大类、小类、组，IPC 分类号的基本构成如图 3-4 所示。

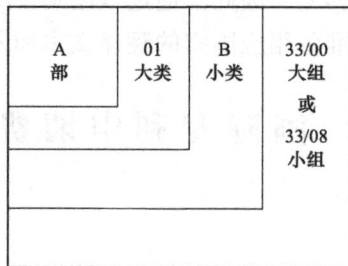

图 3-4　IPC 分类基本构成

1. 部

国际专利分类表将专利文献根据所在的技术领域分为 8 个部，以大写字母 A～H 表示，分别为：

A：人类生活必需；

B：作业、运输；

C：化学、冶金；

D：纺织、造纸；

E：固定建筑物；

F：机械工程、照明、加热、武器、爆破；

G：物理；

H：电学。

2. 大类

每个部分被细分成大类，它们是 IPC 的第二层级分类。每个大类的类号由部的类号及其后的两位数字组成，每个大类的类名表明该大类包括的内容。例如 H01 为基本电气元件。某些大类带有一个索引，该索引只是对该大类内容的概括性描述。

3. 小类

每个大类分为一个或者多个小类，是 IPC 的第三层级分类。小类的类号是由大类号加一个字母组成，例如 H01S 为利用受激发射的器件。小类的类名尽可能确切地表明该小类的内容。大多数小类都有一个索引，该索引是对该小类内容的总括信息性概要。

在小类中大部分涉及共同技术主题的位置设置了指示该技术主题的导引标题。

4. 组

每一个小类被细分成若干组，可以是大组（分类表的第四等级），也可以是小组（依赖于分类表大组等级的更低等级）。每个组的类号由小类类号加上用斜线分开的两个数组成。

（1）大组。 每个大组的类号由小类类号、1～3 位数字、斜线及 00 组成。大组类名在其小类范围以内确切限定了某一技术主题领域。大组的类号和类名在分类表中用黑体字印刷。例如 H04L 25/00 为基带系统。

（2）小组。小组是大组的细分类。每个小组的类号由其小类类号、大组类号的 1 位到 3 位数字、斜线及除 00 以外的至少两位数字组成。任何斜线后面的第 3 位或随后数字应该理解为其前面数字的十进位细分数字。小组类名在其大组范围之内确切限定了某一技术主题领域。

3.6.2 联合专利分类（CPC）

CPC（cooperative patent classification）分类体系是 EPO 和 USPTO 联合开发的用于专利文件的全球分类系统。CPC 分类表由标引发明信息和附加信息的 A-H 部和仅仅标引附加信息的 Y 部组成，与 IPC 相同，CPC 在编排方式上包含了部、大类、小类、大组、小组。

CPC 分类表分为 9 个部（A～H、Y），其中，A～H 部分别对应于目前 IPC 的 A～H 部，但 CPC 的分类条目更细，Y 为新技术发展的通用标签。9 个部分别为：

A：人类生活必需；

B：作业、运输；

C：化学、冶金；

D：纺织、造纸；

E：固定结构；

F：机械工程、照明、加热、武器、爆破、发动机或泵；

G：物理；

H：电学；

Y：新技术发展的通用标签、涉及 IPC 多个部的代表性技术的通用标签、包含在美国专利分类的交叉参考技术文献小类［XRACs］和暂时性分类标记的科技主题。

CPC 在专利分析中的优势：

（1）与 IPC 倾向于功能分类不同，CPC 更倾向于应用分类。相对而言，CPC 分类号对应的释义更容易与实际的产品相对应，不仅有利于审查员的检索工作，也有利于科研工作者进行技术分析工作。

（2）CPC 的分类条目数超过 25 万条，远大于 IPC 的 7 万余条，也就是说 CPC 中有更多的文件夹分门别类地储存着专利文献，这样就大大提高了专利文献检索的效率和精度。只要找到合适的 CPC 分类号，就可以快速定位专利文献。

3.7 美国专利申请

3.7.1 专利类型和保护期限

美国是世界上很早实行专利制度的国家之一。1787 年 9 月制定的《美国宪法》第 1 条第 8 款明确规定："为发展科学和实用技术，国会有权保障作者和发明人在有限的时间内对其作品和发明享有独占权"，这也是《美国专利法》的立法依据。

美国专利商标局（USPTO）负责受理、审查、批准专利和商标申请事宜。美国专利商标局官方网址为 www.uspto.gov，官方语言是英文。美国于 1790 年颁布和实施了第一部专利法。现行专利法于 1952 年颁发，此后又经过多次修改、补充和完善。现行《美国专利法》将专利分为发明专利（utility patent）、外观设计专利（design patent）和植物专利（plant patent）三种。

美国专利的保护类型和保护期限如表 3-4 所示：

（1）发明专利（utility patent）：方法、机器、制品或物之组合，或新而有用之改良者，皆得依《美国专利法》所定之规定及条件下获得专利。

（2）外观设计（patent for design）：任何人创作具新颖、原创及装饰性之产品外观设计，得依《美国专利法》之规定及要件取得专利。

（3）植物专利（Patent for plant）：凡发明、发现及无性繁殖任何特殊及新植物品种，包括耕种培养之变化、变种、混合及新发现之植物种苗者，得依《美国专利法》规定取得专利，但不包括由块茎繁殖的植物或在非栽培状态下发现的植物。

表 3-4　　　　　　　　　　　美国专利的保护类型和保护期限

类型	保护期限
发明和植物专利	自申请日起 20 年
外观设计	自授权日起 15 年

需要说明的是，美国专利的保护期限在《美国专利法》修改的过程中有修改，上述保护期限是当前的保护期限，因此，一个美国专利的保护期限需要看当时申请该专利时有效的专利法是如何规定的。

另外，美国专利商标局也会依照专利商标局或发明人延误的时间，适当调整某个专利保护期限，每个专利的首页上会注明该美国专利是否存在期限调整以及调整的具体时间长短。

3.7.2 申请流程

1. 美国发明专利申请的流程

①准备申请文件；②向美国专利商标局提交申请；③受理（美国专利商标局发出受理通知书）；④公开（自申请日起 18 个月，美国专利商标局对专利申请公开）；⑤实质审查（美国专利商标局对专利申请进行实质审查，申请人须对审查意见通知书答辩）；⑥授权与公告（如专利申请符合相关法律要求，美国专利商标局对该发明创造授予专利权并公告授权专利）。

2. 美国外观专利申请的流程

①准备申请文件；②向美国专利商标局提交申请；③美国专利商标局发出受理回执；④美国专利商标局发出受理通知书；⑤美国专利商标局对外观专利申请进行实质审查；⑥如美国专利商标局发现申请存在缺陷，就会发出审查意见通知书，申请人须对审查意见通知书答辩；⑦如果美国专利商标局对申请审查后没有发现驳回理由，或申请人的答辩意见成功说服了审查员，即向申请人发出授权通知书（在没有授权审查意见通知书就发授权通知书的情形下，时间约为提交申请后 15~18 个月）；⑧申请人须在规定时限内缴纳授权费和完成授权手续 （授权通知书邮寄日三个月内）；⑨下发证书。

3.7.3 申请费用

一般情况下，美国专利申请涉及的总费用包括官费、外国代理所代理费和中国代理所代理费。表 3-5 示出了美国发明专利申请主要官费。

需要注意的是，美国专利申请从第 21 项权利要求开始加收权利要求附加官费，并且独立权利要求的个数超过 3 个，从第 4 个独立权利要求加收权利要求附加官费。

另外，美国专利申请的权利要求不允许多项引用关系（包括多项从属权利要求引用多项从属权利要求，以及一个独立权利要求引用其他多个权利要求，例如，一种包括如权利要求 1~9 中任一项所述的发动机的汽车），如果存在多项引用关系，则加收一项费用（大实体为 820 美元），另外将多项引用关系拆开后计算权利要求的总个数以确定权利要求附加官费。

因此，在申请美国专利时，需要注意权利要求的项数和引用关系。

表 3-5 美国发明专利申请主要官费：

阶段	项目	大实体（USD）	小实体（USD）	微实体（USD）
递交申请	申请阶段（申请费＋检索费＋实审费）	1820	910	455
	超项（超出 3 项独权，每项）	480	240	120
	超项（超出 20 项权利要求，每项）	100	50	25
	多项从属权利要求	860	430	215
	迟交发明人声明文件等后补文件费（每次）	160	80	40
	提 Track one 请求	4200	2100	1050
递交 IDS	于申请后三个月后，或第一次审查意见后递交（每次）	260	130	65
审查	延期答复审查意见（1 个月）	260	130	65
	延期答复审查意见（2 个月）	640	320	160
	延期答复审查意见（3 个月）	1480	740	370
	第 1 次 RCE 请求	1360	680	340
	第 2 次以上 RCE（每次）	2000	1000	500
授权	缴纳授权办登费	1200	600	300
年费	第一次（授权日起 3.5 年）	2000	1000	500
	第二次（授权日起 7.5 年）	3760	1880	940
	第三次（授权日起 11.5 年）	7700	3850	1925

注　官费可能会不时调整，具体费用以当时公布的标准为准。

3.7.4　美国专利独有特征

美国专利制度具有一些独有的特征，例如发明人制度、先发明制、（发明人）先申请制、临时申请、信息披露声明（information disclosure statement，IDS）等。

1．发明人制度

发明人是美国专利制度中的重要概念。发明人错误可能导致专利无效、不可维权或造成专利所有权变更。发明人在提交正式申请时需要提交宣誓书或声明书，表明其确信自己为该申请的发明人。因此，美国专利的发明人确定需要特别谨慎，不能将没有对发明做出实质性贡献的人列为发明人。

另外，发明人制度的另一个特点是美国专利申请必须由发明人向美国专利商标局提交，发明人提出专利申请的同时或之后可以将申请权转让给公司或他人。因此美国专利文件中常出现的权利人是发明人和受让人。

2. 先发明制与先申请制

美国以前实行的是"先发明制",而非世界上大多数国家施行的"先申请制"。"先发明制",是指不同的申请人针对同样的发明创造提交申请,专利权授予最先做出发明创造的人;而"先申请制",是指不同的申请人针对同样的发明创造提交申请,专利权授予最先向美国专利商标局提交专利申请的人。

自 2013 年 3 月 16 日起,《美国专利法》进行了修改,将先发明制修改为先申请制。但是,美国的先申请制与大多数国家的先申请制还存在一些区别,因此也称为"发明人先申请制"。

3. 临时申请

临时申请的目的是方便发明人在产生想法时在美国专利商标局进行备案,确立较早的优先权日,一年内再决定是否将临时申请转换为正式申请。临时申请的费用低,且美国专利商标局不会进行公开,也不会进行实质审查。

4. 信息披露声明

根据《美国专利细则》第 56 条的规定,专利申请的相关人员基于诚实信用原则,有义务向美国专利商标局提供任何已知的可能对专利性构成影响的现有技术,即提交信息披露声明(IDS)。负有提交 IDS 义务的主体不仅限于发明人、企业内部专利工程师,还包括处理该申请的专利代理人、专利律师和任何其他重要的参与专利申请的人,包括实际或潜在的受让人。如果申请人未能尽到信息披露的义务,则可能导致专利的无效或无法维权(unenforceable)。

3.7.5 加快审查程序

常用加快审查程序如下:

1. PPH 途径

需要满足以下要求:

(1)请求时机:第一次审查意见通知书(OA1)之前可提交 PPH 请求。

(2)OEE(在先审查局)审查的对应申请与美国申请必须具有相同的最早日(优先权日或申请日)。

(3)OEE 审查结果中指出对应申请具有至少一个可授权的权利要求。

(4)PPH 请求所涉及的美国申请权利要求必须与 OEE 指出的可授权权利要求有实质性的对应。

PPH 加快审查的优势:授权率提高、从提出 PPH 请求至发出 OA1 的时间缩短、从提出 PPH 请求至最终审查决定的时间缩短、平均发出审查意见通知书的次数大为减少。一般自提出 PPH 请求起 8 个月内收到 OA1,18 个月内收到最终审查决定。

2．Track One 途径

需要满足的要求：

（1）请求时机：Track one 请求与新申请同时提交。

（2）申请文件中独立权利要求的数量不得超过 4 项，权利要求的总数不得超过 30 项，并且不得包含多项引用关系。

（3）每年不超过 10000 件。

（4）申请人必须同意不会延长期限。

Track One 途径大实体官费为 4000 美元。一般自批准优先审查起 4 个月收到 OA1，12 个月内收到最终审查决定。

3．Accelerated Examination 途径

需要满足的要求：

（1）AE 程序不适用于 PCT 国家阶段申请、再颁专利、复审。

（2）请求时机：加速审查请求需要在申请时提出。

（3）AE 程序加速审查时，申请人需要在申请之前对现有技术进行检索，并提供相关详细说明，并向 USPTO 提交请求文件，包括相关检索结果及本申请权利要求与现有技术相比就有显著区别的陈述意见。

（4）申请文件中独立权利要求的数量不得超过 3 项，权利要求的总数不得超过 20 项，并且不得包含多项引用关系。

Accelerated Examination 途径大实体官费为 140 美元。批准同意后 3 个月内发出 OA1。预计在申请日起 12 个月内收到最终审查决定。

3.8　欧　洲　专　利　申　请

3.8.1　专利类型和保护期限

1973 年 10 月 5 日，16 个欧洲国家在慕尼黑签订旨在加强欧洲国家间发明保护合作的《欧洲专利公约》（European Patent Convention，EPC）。EPC 允许根据申请人的要求将欧洲专利的保护扩展到所有缔约方。1977 年 10 月 7 日，EPC 正式生效。

EPC 为申请人提供了单一的欧洲发明专利申请程序，使申请人仅需一次申请、经过一个审查程序，即可在欧洲专利局（EPO）的成员国（member states）、延伸国（extension states）和生效国（validation states）生效。

欧洲专利局（European Patent Office，EPO）是 1973 年，依据《欧洲专利公约》成立的政府间组织，专门受理、审查和授权欧洲专利申请。需要特别指出的是，欧洲专利局是一个独立于欧盟的机构，因此，有些成员国虽然不是欧盟成员国，但可

以成为《欧洲专利公约》的成员国。

欧洲专利局（EPO）官方语言是英文、法文和德文。欧洲专利申请的审查、授权和异议由 EPO 负责。EPO 授权后需在 EPC 成员国和延伸国办理登记生效手续，以在相应国家获得保护。欧洲专利的无效、侵权诉讼和年费由各个成员国负责。EPO只保护发明专利，不保护实用新型和外观设计专利。如果需要在欧洲提交外观设计申请，可以通过《巴黎公约》途径或《工业品外观设计国际保存海牙协定》（简称《海牙协定》）向欧盟知识产权局（EUIPO）提出。

欧洲专利的保护类型和保护期限如表 3-6 所示。

（1）发明专利：针对产品技术结构、方法、工艺流程或工艺参数改进所提出的新的技术方案。

（2）外观设计专利：产品的全部或部分外观，包括产品的线条、轮廓、颜色、形状、纹理、材料以及（或）产品的装饰物。

表 3-6 欧洲专利的保护类型和保护期限

类型	保护期限
发明	自申请日起 20 年
外观设计	自申请日起 5 年，每次续展 5 年，最长为 25 年

3.8.2 申请流程

1. 欧洲发明专利申请的流程

①准备申请文件；②向欧洲专利局提交申请；③受理（欧洲专利局发出受理通知书）；④形式审查（欧洲专利局对专利进行格式等方面的形式审查）；⑤检索报告（欧洲专利局对申请作出检索报告，申请人需对检索报告答辩）；⑥公开［专利申请案于申请日（优先权日）起 18 个月届满公开］；⑦请求实质审查（申请人须在申请文件公开日后 6 个月内提交审查请求）；⑧实质审查（欧洲专利局对申请进行审查，申请人须对审查意见通知书提交答辩意见）；⑨授权与公告（如果专利申请符合法律要求，欧洲专利局对该发明创造授予专利权并公告授权专利）；⑩生效手续（申请人须在欲获得专利保护的国家完成生效手续，某些国家需要对权利要求书或其他专利文件提交该国语言的翻译文本）。

2. 欧盟外观专利申请的流程

①准备申请文件；②向欧盟知识产权局提交申请；③受理（欧盟知识产权局发出受理通知书）；④审查（欧盟知识产权局对专利进行格式等方面的形式审查）；⑤授权（如果申请符合法律要求，欧盟知识产权局颁发欧盟外观证书并公告授权）。

3.8.3 申请费用

一般情况下，欧洲专利申请的总费用，包括官费、外国代理所代理费和中国代理所代理费。表 3-7 示出了欧洲发明专利申请主要官费。

需要注意的是，欧洲专利申请从第 16 项权利要求开始加收权利要求附加官费，并且从第 51 项权利要求开始加收权利要求附加官费，并且与中国从第 11 项开始加收的权利要求附加官费相比，欧洲的权利要求附加官费昂贵，因此，在申请欧洲专利时，需要注意权利要求的个数。与中国专利申请不同，欧洲专利申请的权利要求允许多项引用关系（包括多项从属权利要求引用多项从属权利要求，以及一个独立权利要求引用其他多个权利要求）。

表 3-7 　　　　　　　　　　　　欧洲发明专利申请主要官费

阶段	项目	官费（EUR）	备注
递交申请	申请费	120	
	指定费	585	仅为指定 38 个成员国的费用
	检索费	1300	
	实审费	1635	
	超项（16～50 项权利要求，每项）	235	
	超项（超出 50 项权利要求，自第 51 项起，每项）	585	
	超页费（说明书超出 35 页，自第 36 页起，每页）	15	
审查	提上诉	2255	
授权	缴纳授权办登费	925	
维持费	第 3 年	470	
	第 4 年	585	
	第 5 年	820	
	第 6 年	1050	
	第 7 年	1165	
	第 8 年	1280	
	第 9 年	1395	
	第 10～20 年（每年）	1575	

注　官费可能会不时调整，具体费用以当时公布的标准为准。

3.8.4　欧洲专利局成员国

欧洲专利局主要职能是负责申请人提交的欧洲发明专利申请的统一受理、统一审查以及统一授权业务。根据《欧洲专利公约》，一件欧洲发明专利申请在 EPO 获得授权后，应在希望获得保护的 EPO 成员国办理生效手续。

EPO 的 38 个成员国（member states）：阿尔巴尼亚（AL）、奥地利（AT）、比利时（BE）、保加利亚（BG）、瑞士（CH）、塞浦路斯（CY）、捷克（CZ）、德国（DE）、丹麦（DK）、爱沙利亚（EE）、西班牙（ES）、芬兰（FI）、法国（FR）、英国（GB）、希腊（GR）、克罗地亚（HR）、匈牙利（HU）、冰岛（IS）、意大利（IT）、列支敦士登（LI）、立陶宛（LT）、卢森堡（LU）、拉脱维亚（LV）、摩纳哥（MC）、北马其顿共和国（MK）、马耳他（MT）、荷兰（NL）、挪威（NO）、波兰（PL）、葡萄牙（PT）、罗马尼亚（RO）、塞尔维亚（RS）、瑞典（SE）、斯洛文尼亚（SI）、斯洛伐克（SK）、圣马力诺（SM）和土耳其（TR）。2 个延伸国（extension states）：波黑（BA）和黑山（ME）。4 个生效国（validation states）：柬埔寨（KH）、摩洛哥（MA）、摩尔多瓦（MD）和突尼斯（TN）。

需要说明的是，欧洲专利局与欧盟没有隶属关系，欧洲专利局独立于欧盟，非欧盟成员国可以成为 EPO 的成员国。

3.8.5　加快审查程序

常用加快审查程序如下：

1. PPH 途径

需要满足的要求：

（1）请求时机：OA1 之前可提交 PPH 请求。

（2）OEE（在先审查局）审查的对应申请与欧洲申请必须具有相同的最早日（优先权日或申请日）。

（3）OEE 审查结果中指出对应申请具有至少一个可授权的权利要求。

（4）PPH 请求所涉及的欧洲申请权利要求必须与 OEE 指出的可授权权利要求有实质性的对应。

（5）常规 PPH 要求独立权利要求不超过 3 个，权利要求总数不超过 20 个，超出部分需要缴纳相应费用；PCT 申请的 PPH 无权利要求个数限制。

一般自提出 PPH 请求起 10～11 个月内收到 OA1。

2. PACE 途径

需要满足的要求：

（1）PACE 请求应当在检索和审查阶段分别提起，且每一阶段只能提起一次。

（2）自 2014 年 7 月起，EPO 正式启动"始于检索的早期确认"（early certainty from search）项目，会尽可能在检索请求日起 6 个月内发出检索报告及书面意见。因此，无需在检索阶段提起 PACE 请求。

（3）审查阶段加快的条件：可以在审查部门开始处理专利申请后的任何时间提起；对于 PCT 国际专利申请进入国家阶段的案件，如果 EPO 是国际检索报告/补充国际检索报告的做出单位，原则上可在任何时间提起，例如在进入欧洲国家阶段时，或者在答复补充国际检索报告时。

（4）同一申请人的 PACE 请求数量的总量限制。

当加快审查请求被提起时，EPO 将尽可能在审查部门接受该申请之日（或收到申请人针对欧洲检索报告的答复之日，或收到申请人提起加快审查请求之日，期限计算时以前述三者中最晚的时间点为准）起 3 个月内发出下一份官方通知。

3. Waiver 途径

（1）放弃《欧洲专利公约细则》第 70 条第（2）款的权利：

EPO 做出检索报告后，6 个月内申请人有权进行答复和修改，再请求进入审查。在收到检索报告前，申请人可以放弃这一权利，无条件请求进入审查程序，这样 EPO 会同时做出检索报告和 OA1。

如果放弃《欧洲专利公约细则》第 70 条第（2）款的权利，可以提前 6 个月收到 OA1。

（2）放弃 EPC 细则第 161、162 条的权利：

对于 PCT 途径进入欧洲国家阶段的申请，6 个月内申请人有权对国际检索报告或国际初步审查报告进行答复。申请人可以放弃这一权利，直接进入检索阶段收到扩展的欧洲检索报告（EESR）。

可以将审查过程缩短 6 个月。

（3）放弃《欧洲专利公约细则》第 71（3）条的权利：

对于将要授权的专利申请，EPO 将发出准备授权通知书，申请人在 4 个月内确认修改文本，缴纳相关费用，提交翻译文件。申请人可以放弃修改文本的权利，提前缴费和提交翻译文件。

可以将审查过程缩短 4 个月。

4. PCT 提前进入欧洲阶段

在 PCT 申请进入欧洲阶段的 31 个月期限届满之前，申请人均可向 EPO 请求提前处理申请，必须明确表达其希望其 PCT 申请在 EPO 得到提前处理的意愿。

满足《欧洲专利公约细则》第 159（1）条规定的要求时该请求方为有效，例如缴纳申请费、提交翻译、确定申请文档、缴纳检索费等。

与一般的在 31 个月期限内且未请求提前处理的进入欧洲阶段的 PCT 申请相比，

PCT 申请将从提前处理请求之日起开始处理，可以缩短整个申请时长，最多可节省 13 个月。

5. 请求 EPO 进行补充国际检索

在 PCT 国际阶段，在优先权日起 22 个月内请求 EPO 进行补充国际检索。

请求 EPO 进行补充国际检索之后，PCT 进入欧洲阶段时，可以免除补充欧洲检索（SESR）程序，尽快进入审查程序。可提前 6 个月收到 OA1。

3.9 日 本 专 利 申 请

3.9.1 专利类型和保护期限

日本特许厅（JPO）负责日本专利和商标申请的受理、审查和授权事宜。日本专利制度设立于 1885（明治 18 年）年，经过两次大的修订，目前的专利法是在 1960（昭和 35 年）年 4 月 1 日实施的专利法的基础上经过无数次小的修订而形成。

日本专利保护类型有发明、实用新型、外观设计三种。三种专利分别由《特许法（专利法）》《实用新案（实用新型）》《意匠（外观设计）法》三部法予以规范。三部法还具有各自辅助性的法律或者法规，如对应《特许法》，有《特许法施行法》《特许法施行令》（政令）和《特许法施行规则》（省令）。这与中国在一部专利法中规定发明、实用新型和外观设计三种专利类型的模式不同。

日本专利制度特点：日本法律规定，如果满足一定的条件且在一定的时间段内，发明、实用新型、外观设计申请类别之间可以相互转换。这种制度方便申请人在提出申请后改变保护类别，根据需要选择保护手段。例如，如果某件发明专利申请在实审过程中由于创造性理由被驳回时，申请人可以在收到驳回通知之日起 30 日内提出将发明申请转为实用新型的请求，以便将满足不了创造性要求的发明申请转为实用新型保护。

实用新型申请可以在自申请日起 3 年内转换为发明专利申请。如果类型变更请求在实用新型授权前提出，原实用新型申请被视为撤回；如果类型变更请求在实用新型授权后提出，原实用新型被视为放弃。但变更为发明的专利申请能否被授权还要经过实质审查程序确定。

日本外观设计申请可以保护产品的一部分，也称为部分外观设计。日本特许厅（JPO）官方语言是日文。

日本专利的保护类型和保护期限如表 3-8 所示。

（1）日本发明专利是指针对产品技术结构、方法、工艺流程或工艺参数改进所提出的新法的技术方案。

（2）日本实用新型专是指针对产品的形状、构造或者其结合技术特征改进提出的适于实用的新的技术方案。

（3）日本外观设计专利是指针对产品的形状、图案或者其结合以及色彩与形状、图案的结合所作出的富有美感并适于工业应用的新设计。

表 3-8 日本专利的保护类型和保护期限

类型	保护期限
发明	自申请日起 20 年
实用新型	自申请日起 10 年
外观设计	自注册日起 20 年

就整体的专利制度而言，一般认为日本与中国较类似。例如，采用先申请制；发明专利申请实行早期公开和请求实审原则；对于实用新型不进行实质审查等。

3.9.2 申请流程

日本专利的申请、审查流程包括如下步骤：

1. 递交、受理

当拟申请日本专利的相关资料准备完毕后，即可递交至日本专利局（资料需要日文书写）。日本专利局在接受相应专利申请后，会向专利申请人发出受理通知书，以证明专利申请受理，并确定专利申请日信息。

2. 审查

（1）发明专利（或特许专利）需要申请人向日本专利局递交实质审查申请（申请日起 3 年内提交），日本专利局会在收到实质审查申请后开展该专利申请的实质审查，如果该专利存在疑问的，还需要专利申请人进行答辩。

（2）实用新型专利由于取消了实质审查，因此只需要对该专利进行形式审查，审查内容包括该专利申请是否存在明显缺陷、递交的专利申请文件是否完整等。

（3）外观设计专利的审查内容较为简单，主要是对该专利申请的唯一性进行核验，以确定该申请是否有资格取得专利保护。

3. 授权及公告

当新专利申请通过了审查，即可取得对应的专利权证书，并且可向公众公布，以便将该专利转化为实际效益。

3.9.3 申请费用

一般情况下，日本专利申请的总费用，包括官费、外国代理所代理费和中国代理所代理费），表 3-9 列出了日本发明专利申请主要官费。

需要注意的是，日本专利申请每项权利要求都加收费用，这与中国从第 11 项权利要求开始加收权利要求附加官费不同。因此，在申请日本专利时，需要注意权利要求的个数。

表 3-9   日本发明专利申请主要官费

阶段	项目	官费（JPY）
递交申请	申请费（普通申请）	14000
	申请费（外文书面申请）	22000
	申请费（PCT 进入日本国家阶段）	14000
	实审费	138000＋4000×权利要求项数（巴黎公约途径）124000＋3600×权利要求项数（PCT 途径）
审查	提 Appeal	49500＋5500×权利要求项数
	延长答复期限（每次）	2100
年费	第 1～3 年（每年）	2100＋200×权利要求项数
	第 4～6 年（每年）	6400＋500×权利要求项数
	第 7～9 年（每年）	19300＋1500×权利要求项数
	第 10～25 年（每年）	55400＋4300×权利要求项数

注　官费可能会不时调整，具体费用以当时公布的标准为准。

3.9.4　加快审查程序

常用加快审查程序如下：

1．PPH 途径

需要满足的要求：

（1）请求时机：OA1 之前可提交 PPH 请求。

（2）OEE（在先审查局）审查的对应申请与日本申请必须具有相同的最早日（优先权日或申请日）。

（3）OEE 审查结果中指出对应申请具有至少一个可授权的权利要求。

（4）PPH 请求所涉及的日本申请权利要求必须与 OEE 指出的可授权权利要求有实质性的对应。

一般自提出 PPH 请求起 3 个月内收到 OA1，5～7 个月内收到最终审查决定。

2．加快审查途径

满足以下任一条件即可：

（1）中小企业、个人、大学和公共研究机构申请：中国申请人提供证明也可以利用。

（2）有相关外国申请：具有外国同族申请，例如通过巴黎公约途径或者 PCT 途径。

（3）已经实施或即将实施的申请：制造、销售专利产品或自请求加快日两年内计划实施的申请。

（4）绿色技术申请：与节能或减少碳排放相关的申请。

（5）震灾复兴支援相关申请：来自震灾灾区的申请。

（6）亚洲据点化推进法案相关申请：申请人全部或一部分属于特定跨国企业时可申请。

需要提交"关于加快审查的情况说明书"，其中包括对现有技术的检索结果并进行现有技术与日本申请的对比说明。自提出加快审查请求起平均 3 个月内可收到 OA1。

3. 超快审查途径

需要满足的要求：

（1）已经请求实质审查但尚未审查。

（2）申请正在实施或在 2 年以内计划实施且申请人在日本以外的国家提出相应申请。

（3）超快审查请求前 4 周以上在线提交所有的申请手续，以书面提交的申请不能要求超快审查。

（4）申请方法与加快审查基本相同。

自提出超快审查请求起平均 1 个月内可收到 OA1。

4 专利培育

4.1 专　利　检　索

专利检索就是根据一项或数项特征，从海量的专利文献或专利数据库中挑选符合某一特定要求的文献或信息的过程。

4.1.1 专利检索资源

各国专利检索网站见附录 A，表 4-1 列出了部分检索网站。

表 4-1　　　　　　　　　　　　专利检索网站（部分）

中国	http：//cpquery.sipo.gov.cn/　（国家知识产权局专利检索平台）
	https：//www.rainpat.com/　（润桐专利检索平台）
	http：//www.soopat.com/　（soopat 专利检索平台）
	https：//www.incopat.com/　（incopat 专利检索平台）
	https：//www.zhihuiya.com/（智慧牙专利检索平台）
美国	https：//www.uspto.gov/patents
	https：//www.drugfuture.com/uspat/us_patent.asp
欧洲	https：//www.epo.org/
日本	https：//www.jpo.go.jp/
PCT 国际专利	http：//www.wipo.int/patentscope/search/en/advancedSearch.jsf （PCT 国际专利检索，可检索该专利内容在哪些国家同时申请了保护）

4.1.2 专利检索方法

专利检索是个"系统工程"，主要包括以下几个工作步骤：检索目的的确定；选取数据库；了解技术方案并进行技术分解；选取检索要素构建检索式；通过查全率查准率的评估调整检索策略等。

1. 专利的检索目的

（1）追溯检索主要包括：

1）被动侵权检索；

2）专利性审查检索；

3）失效专利利用检索。

（2）定题检索主要包括：

1）防侵权专利检索；

2）研发立项专利检索；

3）技术引进专利检索。

2. 专利检索策略

（1）关键词检索。

1）检索者可根据专利名称、申请号、公开号、专利权人、发明人等关键词，检索到特定的专利。

2）检索者不知晓以上信息时，需要找到合适的关键词来进行检索。关键词的范围不可设置得过大或过小，还要考虑同义词、近义词、关联词、上位概念、下位概念等，进行多次、全面的检索。

（2）分类号＋关键词检索。专利分类检索法有国际专利分类（IPC）、联合专利分类（CPC）等多种，目前比较通用的是 IPC，IPC 释义如图 4-1 所示。

□ ▶ H02G 电缆或电线的安装，或光电组合电缆或电线的安装（带有便于安装或固定装置的绝缘导体或电缆入H01B7/40；装有开关的配电站入H02B；引导式电话塞绳入H04M1/15；电缆管道或电报或电话交换局设备的安装入H04Q1/06）

□ ▶ H02H 紧急保护电路装置（指示或警报意外工作情况的入G01R，例如G01R31/00，G08B；沿线测定故障位置入G01R31/08；紧急保护装置入H01H）

□ ▼ H02J 供电或配电的电路装置或系统；电能存储系统

□ ▼ H02J1/00 直流干线或直流配电网络的电路装置[2006.01]

图 4-1 IPC 释义

在特定分类号下进行关键词检索，可以缩小检索范围，提高检索的准确度。需要注意的是，一项专利可位于几个不同的分类号下，因此在检索时，对于分类号的选择不应太过单一和狭隘，最好使用多选，避免漏检。

（3）检索技巧。

1）总分式检索——对总体技术主题进行检索，然后在检索结果中进一步对技术分支进行检索。

这样可以全面了解技术领域的概况及各技术分支，为后续的技术分析做准备。例如锂电池，可以先检索"锂电池"，再检索"正极""负极""电解质""隔膜"。

2）组合式命令行检索——通过编写命令行向计算机发出的完整指令进行检索。命令行包括了算符、操作命令、字段命令，这些命令与检索词、通配符等所共同形成的检索式即为检索者。其中，算符用于"与""或""非"等运算，通配符用来模糊搜索文件、扩大检索结果。优秀的算法设置可以提高检索精度和准确度。例如检索"发明人＝（'张三'与'王二'）或（'张三'与'李四'）"，可以将张三分别与王二和李四作为共同发明人的专利搜索出来。

3）追踪检索——以某一技术领域或某一申请人专利的引证与被引证关系、引证率、同族专利等信息为线索，发现基础专利、核心专利，从而理清技术发展路线的检索方式。

4.1.3　同族专利检索

同族专利检索是指对与被检索的专利或专利申请具有共同优先权的其他专利或专利申请及其公布情况进行的检索，该检索的目的是找出该专利或专利申请的同族专利文献（专利）号。

至少有一个优先权相同的、在不同国家或国际专利组织多次申请、多次公布或批准的内容相同或基本相同的一组专利文献，称为专利族（patent family）。同一专利族中的每件专利文献被称为专利族成员（patent family members），简称为同族专利。同族专利可分为简单专利族、复杂专利族、扩展专利族、人工专利族。

（1）简单专利族（simple patent family）：指一组同族专利中的所有专利都以共同的一个或共同的几个专利申请为优先权，如图 4-2 中的 D1&D2&P1（D1&D2 共同的一个优先权为 P1），D3&D4&P1&P2（D3&D4 共同的两个优先权均为 P1 和 P2）。

（2）复杂专利族（complex patent family）：指一组同族专利中的专利至少共同具有一个专利申请为优先权。如图 4-2 中的 D1&D2&D3&D4&P1（D1&D2&D3&D4以 P1 为共同优先权）；D3&D4&P2（D3&D4 以 P2 为共同优先权）。

（3）扩展专利族（extended patent family）：指一组同族专利中的每个专利与该组中的至少一个其他专利至少共同具有一个专利申请为优先权。如图 4-2 所示，由于 D1&D2&D3&D4 之间至少共同具有一个优先权 P1 和/或 P2，因此图中所有专利均为同一个扩展专利族。

（4）人工专利族（artificial patent family）：没有共同的优先权联系，但内容相同或基本相同，通过人为智能归类组成的由不同国家出版的一组专利文献，构成人工专利族。

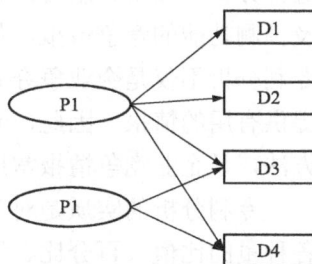

图 4-2　专利族示意

最基本的检索方法为：在专利检索网站都有"优先权"检索入口，通过"优先权"检索可以找到同族专利。欧洲专利局网站可检索同族专利，Advanced search 高级检索有"Priority number"入口，另外，检索到文件后有"INPADOC patent family"

项可查看。

同族专利检索的适用范围如表 4-2 所示。

表 4-2　　　　　　　　　　同族专利检索的适用范围

适用场景	具体情形
科研立项/技术创新	检索所有已找到的与科研或创新项目技术主题相关的专利的同族信息，以便于掌握现有技术的专利地域性信息
技术引进	检索准备引进的专利技术的同族信息，了解该专利技术在其他国家是否也提出过专利保护，以便于进一步了解其在其他国家的审批情况
产品出口	检索出口产品所涉及的专利的同族信息，了解该专利在产品出口目的地国及其他国家/地区的地域效力
专利预警	检索已找到可能被侵权专利的同族信息，了解该专利在其他国家/地区的地域效力，以便于制定规避方案
侵权应诉	检索被诉侵权的专利的同族信息，以便于了解该专利还在哪些国家申请了专利，以便于了解其在其他国家的审批情况，以及是否得到不同审批结果
产业分析/趋势预测	检索已找到的特定技术领域的所有专利的同族信息，以便于去除重复的技术方案，使产业技术分析和技术发展趋势预测更加准确

4.2　专　利　分　析

4.2.1　专利分析定义

专利分析（patent analysis），即对专利说明书、专利公报中大量零碎的专利信息进行分析、加工、组合，并利用统计学方法和技巧使这些信息转化为具有总揽全局及预测功能的竞争情报，从而为企业的技术、产品及服务开发中的决策提供参考。专利分析不仅是企业争夺专利的前提，更能为企业发展其技术策略，评估竞争对手提供有用的情报。因此，专利分析是企业战略与竞争分析中一种独特而实用的分析方法，是企业竞争情报常用分析方法之一。

专利分析的实质是对专利信息的内容、专利数量以及数量的变化、不同范围内各种量的比值（百分比、增长率等）的研究，是对专利文献中各种信息进行定向选择和科学抽象的研究。

4.2.2　专利分析方法

根据专利分析的分析目的、分析内容、深入程度等，主要可分为数据层面、技术层面、战略层面和系统应用层面。因此专利分析方法分为数据分析、技术分析、战略分析、应用分析 4 种类型。

数据分析又可分为数据趋势、构成、排序和关联分析，数据聚类分析，引文数据分析，模型分析等。

技术分析又可分为功效矩阵分析、重点专利分析、技术路线图分析、权利要求书分析、规避设计分析等。

战略分析又可分为专利技术追踪策略分析、专利挖掘策略分析、研发合作策略分析、专利布局策略分析、专利诉讼策略分析、专利运营策略分析等。

应用分析又可分为技术引进专利分析、产品出口专利分析、对抗竞争对手专利分析、专利对标分析、专利预警及应对中的专利分析等。

在实际的专利分析过程中，往往需要多种专利分析方法相互配合使用，专利分析方法是一个完整的体系，不能割裂来看。

4.2.3　专利分析步骤

如图 4-3 所示，专利分析包括如下步骤：

1. 准备阶段

需要根据分析目的确定所要检索的技术领域；根据所确定的技术领域确定关键词、公司、所涉及的标准及国际分类号 IPC 等；确定需要检索的国家或地区范围，通常包括美国、中国或欧洲、澳大利亚，有时也会涉及日本、韩国、中国香港等。

2. 检索阶段

主要是根据前述所介绍的检索方法及检索网站上收集专利文献。

3. 分析阶段

宏观分析：按不同的时间分布、地理（国家或地区）分布、技术分布、技术发展阶段状态、公司分布等将专利文献分类并进行统计，得出专利地图，即专利的时间分布图、国家或地区分布图、技术分布图、技术发展阶段分布图、公司分布图等，然后根据专利地图可以确定市场策略、产品策略、技术切入点和研发投入力度等。

微观分析：实际上主要是对重点专利进行分析的过程。如果对于检索到的专利量很大，可以分三步走：第一步，根据检索记录（即专利的名称）初步挑选有关的专利；第二步，下载初步挑选出的专利的首页，根据首页中的摘要及摘要附图再次挑选出有关的重要专利；第三步，下载重要专利的全文，详细分析这些专利的权利要求。

4. 分析报告

根据上述分析写出分析报告。

如果对于某一件或几件或某个公司的专利分析，特别是研发人员在工作中需要分析一些专利，只需要直接下载全文分析其权利要求。

图 4-3 专利分析的基本流程

4.2.4 专利文献信息

专利文献包括著录项目、说明书摘要和摘要附图、权利要求书、说明书和说明书附图等部分，其中前三个部分包括在扉页中。其中：说明书摘要和摘要附图对专利的技术方案、发明点进行简单介绍；权利要求书是专利权利人所界定的权利范围，是一件专利的核心，侵权判定就是通过这一部分来确定，尤其是独立权利要求，所以确定一件专利的权利保护范围一般只需要根据权利要求书的独立权利要求来确定；说明书和说明书附图详细介绍本专利，有助于理解本专利及其权利要求书。著录项目在扉页中，扉页包括法律和技术两部分的信息，其中技术方面的信息包括专利名称、说明书摘要和摘要附图，其他部分为法律信息。在专利分析中，最常用的信息有申请国家或者地区、申请人、申请日、申请号、发明人等。专利分析时，通常会统计专利在各国家或地区的分布情况、各大公司的专利分布情况或者专利按时间分布的情况等，根据分析目的，有时候还需要统计出在这个领域内重要的发明人等。

阅读专利文献，需要根据各部分的作用来有选择性的阅读，一般情况下分析专利时只需要阅读扉页和权利要求书即可，对于阅读权利要求书遇到不理解的地方，可以从说明书及附图中找到相应部分来帮助理解，而不需要阅读所有文献。

4.2.5 权利要求书分析

权利要求书通常作为确定专利权保护范围的主要依据，是专利申请文件中最核心的部分。根据需求的不同，对权利要求的分析包括保护范围分析、侵权比对分析、专利撰写缺陷分析、专利稳定性分析等多种。

1．保护范围分析

从分析对象来看，权利要求的保护范围分析包括单件专利的保护范围分析和多件专利的保护范围分析两种。根据申请人的不同，多件专利的保护范围分析包括同一申请人的多件专利保护范围分析，以及不同申请人的多件专利保护范围分析。

从分析内容来看，权利要求的保护范围分析包括权利要求书的结构分析和权利要求书保护范围影响因素分析。其中，权利要求书的结构分析是分析权利所包含的技术特征以及多项权利要求之间的关系，确定整个专利权利要求书所覆盖的直接范围。而权利要求书保护范围影响因素分析是分析说明书中的技术方案如何在权利要求书中体现，以及专利（及其同族专利）审查过程中的相关文件是否对权利要求保护范围进行限缩。

通过权利要求的保护范围分析，有助于找出权利和技术的空白点，不但可以了解技术自由实施度，设计专利侵权风险的合理规避方案，而且可以为新技术专利申请布局规划好权利范围，以保证顺利获得授权并得到最大的经济利益。此外，分析权利要求书保护范围的影响因素，有助于评估专利权的稳定性，为后续可能发生的无效申请或侵权诉讼提供参考。

2. 侵权比对分析

专利侵权行为包括直接侵权、间接侵权和假冒他人专利几种。通常侵权比对分析主要涉及直接侵权行为，即判断被控侵权产品或方法是否落入专利权的权利要求所记载的范围。

3. 专利撰写缺陷分析

专利文件主要包括说明书和权利要求书。说明书和权利要求书是记载发明创造内容及专利权保护范围的法律文件。说明书及其附图主要用于清楚、完整地描述发明或者实用新型，使所属技术领域的技术人员能够理解和实施该发明或者实用新型。权利要求书应当以说明书为依据，清楚、简要地限定要求专利保护的范围。

由于客观或主观原因，以文字表达的专利文件常常带有因撰写导致的缺陷。对专利撰写缺陷进行分析，在专利争议解决、专利意定性评价、针对目标专利做规避设计等工作中相当重要。

在使用专利分析方法对专利进行分析时，应当重点关注两个方面：①要求保护的客体是否明显不符合专利法的规定，修改是否超范围，是否缺少必要技术特征，保护范围是否清楚；②说明书的撰写缺陷分析主要包括对技术术语是否准确，所记载的发明创造内容是否清楚、是否能够支持权利要求的分析，专利授权确权程序中的意见陈述缺陷分析主要包括是否存在删除和错误的修改技术方案。

4. 专利稳定性分析

专利稳定性分析的实质是分析评价已经授权的专利被国家知识产权局宣告专利

权无效的可能性。

专利稳定性分析的应用场景包括专利权人在维权前自我评估欲主张的专利权是否稳定、应对侵权诉讼时评估涉案专利的稳定性、技术类交易中与核心技术对应的专利权的稳定性以及知识产权交易中的专利权的稳定性等。在上述应用场景中，专利稳定性分析的结果非常重要，将影响决策或者交易价格。

4.3 专 利 导 航

专利导航是在宏观决策、产业规划、企业经营和创新活动中，以专利数据为核心深度融合各类数据资源，全景式分析区域发展定位、产业竞争格局、企业经营决策和技术创新方向，服务创新资源有效配置，提高决策精准度和科学性的新型专利信息应用模式。

由国家知识产权局组织起草的《专利导航指南》（GB/T 39551—2020）系列推荐性国家标准于 2020 年 11 月 9 日批准发布，并于 2021 年 6 月 1 日起正式实施。《专利导航指南》（GB/T 39551—2020）系列国家标准是国家知识产权局对多年来专利导航系列工作成果的总结和凝练，包括总则、区域规划、产业规划、企业经营、研发活动和人才管理等专项指南，以及服务要求等 7 个部分。该系列标准内容全面，将专利导航试点工程、知识产权分析评议和知识产权区域布局等实践探索的专利信息利用方法，拓展为面向区域规划、产业规划、企业经营、研发活动、人才管理等不同应用场景的专利导航方法，以总则提出专利导航项目实施通用模板，以各专项指南提出面向不同应用场景的逻辑分析模型和特殊要求，以服务要求规定在有外部机构提供相关服务的情况下针对服务提供的全面要求。既有专利导航服务创新资源有效配置的产业、区域等战略层面的内容，又有服务企业技术创新、合规管理、风险防控和投资并购等操作层面的内容。

4.3.1　专利导航的分析步骤

专利导航分析步骤与方法一般包括：

（1）围绕项目需求分析报告，结合数据特点，挖掘数据关联关系。

（2）基于数据关联关系，建立专利导航分析模型。

（3）选择支撑专利导航分析模型的适当分析指标，对数据进行定量、定性分析，可采用可视化方式呈现。

（4）根据分析结果，进行综合分析和系统解读，得出分析结论。经评估，分析结论不满足目标需求的，应继续挖掘数据关联关系或回溯至信息采集，直至满足目标需求。

4.3.2　企业经营类的专利导航分析

企业经营类的专利导航分析，包括以技术合作开发、技术引进、企业产品开发为目标的专利导航分析。

1.　以技术合作开发为目标的专利导航分析

以专利数据为基础，通过与企业、高等学校及科研组织等相关信息的关联分析，提出技术合作主题、遴选技术合作对象等建议。

（1）方法步骤。

1）对企业技术合作需求所对应的技术领域进行分解，检索相关专利，并进行数据处理；

2）通过分析全球范围内具有较强专利控制力主体的相关活动，判断技术发展重点或热点主题，其中所述相关活动可包括协同创新专利布局，专利运用和专利保护等情况；

3）对各技术主体进行分析，可包括技术成熟度、技术路线，专利布局等，提出可进行合作开发的技术主题，获取专利申请人信息；

4）筛选具有较高技术水平的专利申请人，可从技术创新能力、专利布局能力、专利运用能力等角度分析；

5）收集4）所述具有较高技术水平的专利申请人的背景信息，可包括发展历程、发展阶段、主营产品、技术结构、研发人员数量、营收状况、法律纠纷及相关舆情，主要研发人员的教育背景、工作经历、法律纠纷及相关舆情等；

6）对于4）和5）所述的信息进行关联分析，确定可进行技术合作开发的对象。

（2）输出。以技术合作开发为目标的专利导航的输出一般包括以技术合作开发为目标的专利导航分析报告，可包括可合作开发技术主题的选择与论证、技术合作开发对象的基本情况等以及专利导航数据集。

2.　技术引进为目标的专利导航分析

以专利数据为基础，通过与产业、市场等信息的关联分析，提出待引进技术的持有人、可引进的具体技术、引进策略、风险防范等建议。

（1）方法步骤。

1）对企业所属技术领域进行分解，检索相关专利信息及其他技术信息，分析该技术领域的发展重点、难点和热点主题；

2）将企业的技术研发战略和产品战略，企业当前技术储备情况，以及1）所述技术领域的发展重点、难点和热点主题进行关联分析，寻找企业需引进的技术主体；

3）在1）所述技术主题中，筛选满足技术引进需求的专利，可从专利技术方案所解决的技术问题及所达到的技术效果等角度分析；

4）分析3）所述专利的稳定性、技术可替代性和技术实施依赖度等，提出可供选择的专利；

5）收集4）所述专利的持有人相关信息，可包括发展历程、发展阶段、主营产品、技术结构、研发人员数量、营收状况、技术转让或许可历史、法律纠纷及相关舆情；

6）对4）和5）所述的信息进行关联分析，提出技术引进方式的建议，如技术许可、技术转让等方式。

（2）输出。以技术引进为目标的专利导航的输出一般包括以技术引进为目标的专利导航分析报告，可包括拟引进技术主题的选择与论证、拟引进技术及其持有人的基本情况等以及专利导航数据集。

3. 以企业产品开发为目标的专利导航分析

以专利数据为基础，通过与产业、市场、政策等信息的关联分析，提出企业产品开发方向、技术研发路径及风险规避等建议。

（1）方法步骤。

1）收集企业所在行业的政策环境、市场环境及需求；

2）收集企业的背景信息，可包括企业的发展历程、发展阶段、主营产品的种类及市场占有率、营收状况，主要竞争对手相关信息等；

3）对企业所属技术领域进行分界，检索相关专利信息及其他技术相关信息；

4）将1）、2）及3）所述信息进行关联分析，提出企业可重点开发的产品（或产品组合）建议；

5）分析开发所述产品（或产品组合）所需的技术，制定所需技术的获取策略，可包括自主开发、合作开发和技术引进等；

6）分析所需技术的专利信息，可通过技术功效矩阵分析等手段，为进行自主开发的技术主题提供研发路径、研发方案参考，并通过侵权分析等方式提供风险预警及规避建议；

7）采用合作开发获取所需技术，采用技术引进获取所需技术；

8）提出产品开发所形成的技术成果的专利布局方案。

（2）输出。以企业产品开发为目标的专利导航的输出一般包括以产品开发为目标的专利导航分析报告，可包括行业环境、建议企业重点开发的产品（或产品组合）及其开发策略等和专利导航数据集。

4.3.3 研发活动类的专利导航分析

研发活动类的专利导航分析包括评价研发立项的专利导航以及辅助研发过程的专利导航。

1. 评价研发立项的专利导航

在研发立项前，以专利数据为基础，对研发立项的必要性和可行性等进行评价，防范潜在风险。

（1）方法步骤。

1）通过分析技术所在产业的政策环境、发展趋势、产业链结构、市场需求等状况，评价拟研发立项项目的产业发展环境；

2）通过分析技术所在产业的技术发展趋势、主要技术路线、替代技术发展状况、技术竞争强度等情况，评价拟研发立项项目的技术发展态势；

3）通过识别主要竞争对手并分析其技术目标和战略、技术路线、专利布局、可能的竞争行为等情况，评价拟研发立项项目的技术壁垒；

4）通过分析研发主体的发展历程、发展阶段、主营产品的种类及市场占有率、营收状况、主要研发人员情况等，评价研发主体的市场竞争实力；

5）通过分析研发主体、拟研发立项相关的技术构成、具有较高水平的专利（或专利组合）等，评价研发主体的技术储备及技术竞争实力；

6）综合分析拟研发立项项目的产业发展环境、技术发展态势、技术壁垒，以及研发主体的市场竞争实力、技术储备及技术竞争实力，评估立项风险并提出研发立项的必要性和可行性结论；

7）根据6）所述结论，可进一步对拟研发立项的立项方案等提出优化建议。

（2）输出。评价研发立项的专利导航分析报告，包括但不限于拟研发立项项目的基本情况，研发立项的必要性、可行性分析过程及结论。

2. 辅助研发过程的专利导航

研发过程中，以专利数据为基础，对在研项目的技术研发情况及其技术竞争环境进行综合分析，提出风险规避及技术方案优化的建议。

（1）方法步骤。

1）通过分析技术所在产业的政策环境、发展趋势、产业链结构、市场需求等情况，评价在研项目当前的产业发展环境；

2）通过分析技术所在产业的技术发展趋势、主要技术路线、替代技术发展状况、技术竞争强度等情况，评价在研项目的技术发展态势；

3）识别并监测主要竞争对手，通过分析其技术路线、技术方案、专利布局、可能的竞争行为等情况，评估在研项目相关技术方案的专利风险；

4）通过分析在研项目相关技术领域的技术构成、总体趋势、专利技术活跃度、技术功效矩阵、具有较高水平的专利（或专利组合）等，综合判断该技术领域的重点和热点技术方向，为在研项目提供技术路线或技术方案的优化建议，并为可能涉及专利风险的技术方案提出规避设计建议；

5）综合分析在研项目的产业发展环境、技术发展态势、专利风险及技术方案的优化或规避设计建议，制定专利布局策略。

（2）输出。辅助研发过程的专利导航分析报告，包括但不限于在研项目的基本情况、技术竞争情况、可能面临的风险，技术方案的优化或规避设计建议以及专利布局策略。

4.3.4 人才管理类的专利导航分析

人才管理类的专利导航分析，包括以人才遴选为目标的专利导航和以人才评价为目标的专利导航。

1. 以人才遴选为目标的专利导航分析

以专利数据为基础，挖掘能够适配目标需求的人才。

（1）方法步骤。

1）针对采集的专利信息，可选取同族规模、引证信息等指标进行量化分析或人工标引分析，筛选具有较高技术水平的专利，并获取发明人信息；

2）分析1）所述发明人在其所述行业对应技术领域的专利情况，并与发明人的获奖、技术产业化等代表其技术水平的其他信息进行关联分析；

3）提出拟遴选人才名单。

（2）输出。以人才遴选为目标的专利导航分析报告，包括但不限于人才所属行业的基础情况、拟遴选人才的基本情况。

2. 以人才评价为目标的专利导航分析

以专利数据为基础，对人才信息的真实性、人才与需求的匹配性、人才创新能力、人才使用风险等进行评价。

（1）方法步骤。

1）对拟评价人才自主申报的专利信息进行真实性评价，可包括专利或专利申请的申请人、发明人、数量、类型、国别、法律状态、保护期限等；

2）分析拟评价人才的相关专利或专利申请与对人才的技术需求之间的匹配程度，可具体分析专利申请所属技术领域、所解决的技术问题、所使用的技术方案、所达到的技术效果等；

3）分析拟评价人才的相关专利的权利稳定性或专利申请的授权前景；

4）分析拟评价人才的相关专利或专利申请的技术先进性和技术可替代性，可与现有技术进行对比分析；

5）分析拟评价人才的相关专利或审理申请所使用的技术方案的侵权风险。

（2）输出。以人才评价为目标的专利导航分析报告，可包括拟评价人才信息的真实性、人才与需求的匹配性、人才创新能力、人才使用风险等。

4.4 专利挖掘与布局

4.4.1 专利挖掘与布局定义

专利挖掘是指在技术研发或产品开发中，对所取得的技术成果从技术和法律层面进行剖析、整理、拆分和筛选，从而确定用以申请专利的技术创新点和技术方案。

专利布局就是通过专利的技术布局、时间布局、地域布局等多重布局，形成一系列彼此联系、相互配套的专利集合，构筑一张专利的立体保护网络。

4.4.2 针对研发项目和创新点进行专利挖掘

对于大多数企业来说，尤其是创新型企业，技术研发是核心，也是企业智慧的集中体现，以技术研发为基础的专利挖掘是企业面对的最主要的场景，也是最有效的专利挖掘出发点。

对于已经挖掘出来的创新点，如果确定该创新点为具有高价值的基础创新点，则还可以利用围绕创新点的专利挖掘手段，进一步将围绕该创新点的衍生创新点挖掘出来，形成专利组合，提高专利保护强度。

图 4-4 给出了基于研发项目和创新点的专利挖掘示意。

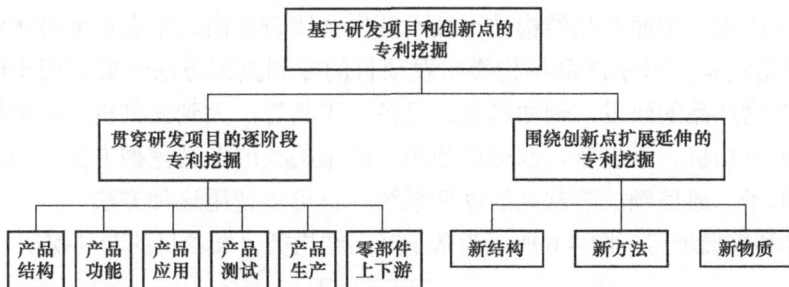

图 4-4　基于研发项目和创新点的专利挖掘示意

1. 基于研发项目的专利挖掘

（1）基于研发项目的专利挖掘手段的特点。

1）以研发项目任务企划书为基础。在研发项目立项前，首先要明确研发目标，通常是通过研发项目企划书明确研发目标。因此，基于研发项目的专利挖掘，可以首先从项目任务企划书中的开发缘由、开发目标和技术要求作为出发点，对技术进行分解和梳理，形成专利挖掘清单。

2）以技术分析为基础。从技术研发项目出发进行技术分析，可以选择以技术功能组成或技术架构组成作为出发点，找出实现技术功能和组成研发项目的技术分支部分，分析各技术分支部分并将其进一步逐一向下分解成各技术要素。针对各技术要素梳理企业技术研发可能取得的具体技术创新点，最后以技术创新点为基础单元提炼总结技术方案。

图 4-5 给出了基于研发项目的专利挖掘示意。

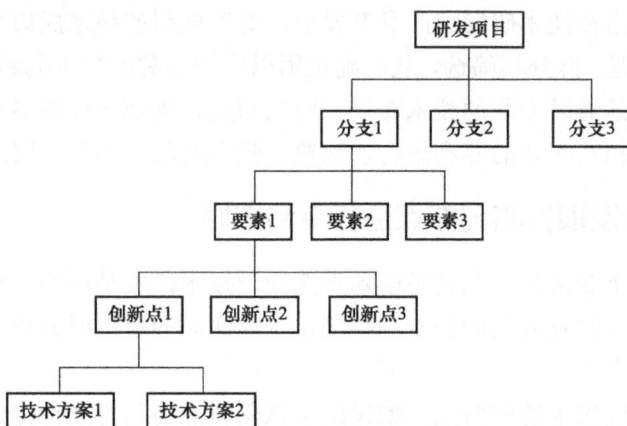

图 4-5　基于研发项目的专利挖掘示意

（2）围绕产品结构的专利挖掘。对于企业研发项目来说，从研发产品的结构角度进行专利挖掘是最为有效的方式之一。因为产品结构是实实在在存在的客体，可以直接展现出来。按照产品结构进行技术分析会比较全面，不会遗漏技术细节。

1）适用场景。基于产品结构类研发项目的专利挖掘方法一般适用于研发项目的目标是实物产品的研发，例如机器、设备、工具等，大到光刻机、盾构机等大型设备，小到照相机、手机等，都可以使用产品结构类的专利挖掘方法。当然，对于计算机、电子、通信领域等常见的硬件系统，也可以使用这种方法。

2）专利挖掘示意。图 4-6 所示为基于产品结构类研发项目的专利挖掘方法示意。

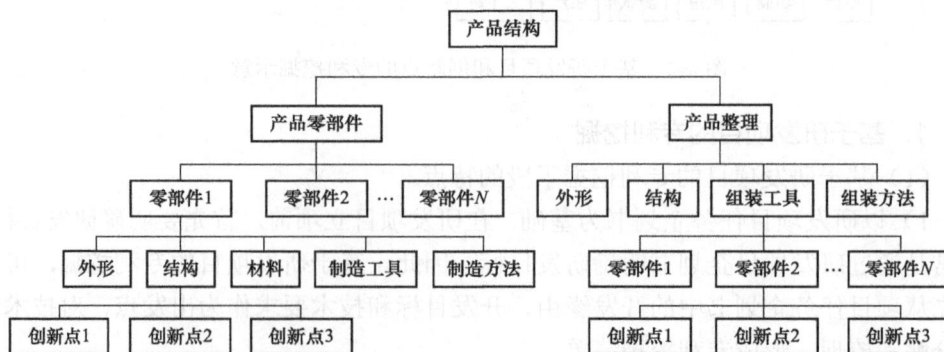

图 4-6　基于产品结构的专利挖掘方法示意

其主要方法步骤如下：

第一步，技术分支分析。将产品结构类研发项目分为产品零部件和产品整体两大技术分支。对于产品零部件，可以进一步细分为不同的零部件 $1\sim N$，这一步细分完全可以按照产品实际结构进行，产品有哪些系统、哪些零件，就细分出哪些分支；而针对产品整体，则没有下一层级的技术分支。

第二步，技术要素分析。在技术分支的基础上，这一步主要考虑每一技术分支所涉及的技术要素。对于零部件来说，主要的技术要素在于零部件自身的结构，是创新点比较集中的节点，应重点进行专利挖掘，其他方面例如还有零部件的材料、外形、制造零部件的工具、制造零部件的方法等。而对于产品整体来说，产品整体的结构也是创新点比较集中的节点，其次还有产品整体的外形、组装产品的工具及方法等。而对于细分出的制造工具、组装工具等技术要素，还可以进一步细分出该工具的零部件，从而在另一个起点上进行技术分析。

第三步，创新点分析。在尽可能梳理了所有相关的技术要素之后，就可以针对每一个技术要素分析其可能存在的创新点。例如对于零部件的结构，由于其采用了某种特殊的结构设计，效率提高，或是采用了一种新的材料，使该零部件的使用寿命提高，这些都是有价值的创新点，通过以上层层的技术分析，得以梳理出来。

（3）围绕产品功能的专利挖掘。针对企业产品研发项目，除了可以从产品结构的角度进行技术分析，进而挖掘专利之外，从产品所实现的功能的角度进行技术分析也是比较好的一种方式。因为研发项目在规划和立项阶段，往往是根据市场客户的需求确定的产品研发方向，产品需求对应着产品所实现和具有的功能，研发人员往往对这些相当熟悉。因此从产品功能的角度出发，基于研发项目进行专利挖掘会降低专利挖掘工作的难度和陌生感。

1）适用场景。基于产品功能类研发项目的专利挖掘方法一般适用于计算机、电子、通信领域常见的硬件系统和软件系统，尤其是软件系统。因为这类系统在设计之初大多是以功能模块的形式进行划分，后期基于产品功能进行专利挖掘会具有较高的对应性，不会造成明显的遗漏。当然，实物产品类的研发项目也可以使用这种方法，一般从产品所实现的主要功能入手，实际上是与技术问题和技术效果相对应。

2）专利挖掘示意。图4-7所示为基于产品功能类研发项目的专利挖掘方法示意。

其主要方法步骤如下：

第一步，产品功能分析。首先将产品所能实现的所有功能一一列出，并应尽可能具体，要落实到一个项目中各个组成部分所能实现的子功能上，不能过于笼统和概括，这样不利于创新点的梳理。同时还要注意，不仅要列出项目所实现的新的功能，还要将项目所实现的常规功能也一并列出，因为有些常规功能的实现可能会是一些具有创造性高度的部件或方法带来的。

第二步，实现功能的技术要素分析。对于项目所实现的每一个功能，分别从实现功能相关的部件和实现功能相关的方法两个方面去进一步分解相关技术要素。相关部件可以从结构、外形、材料等方面进行进一步分解；相关方法可以从方法的具体流程步骤、方法相关的部件以及方法相关的工作方式等角度进一步分解。

第三步，创新点分析。在第二步分解出的技术要素的基础上，进一步梳理每一个技术要素有可能涉及的创新点，例如方法流程步骤中可能减少了步骤，从而降低了时间消耗；可能使用了新的工作方式，从而提高了方法的可靠性等。这些都可以梳理出的有价值的创新点。

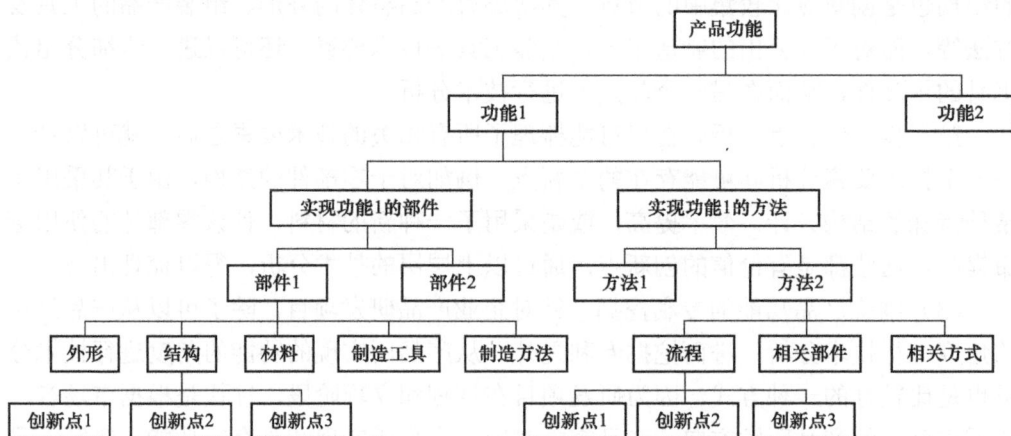

图 4-7　基于产品功能的专利挖掘方法示意

（4）围绕产品应用的专利挖掘。基于研发项目的专利挖掘，除了可以从产品的结构和功能角度进行技术分析之外，还可以从产品的应用方面考虑，系统性地分析产品具体的应用领域，从而挖掘出更多产品应用类的专利。

1）适用场景。基于产品应用类研发项目的专利挖掘方法一般适用于比较基础和核心的产品，或者是在不同领域通用性较好的产品。这种产品可以应用于不同的技术领域，从而能够挖掘出不同的专利。例如一种螺栓产品，除了按照其结构、功能进行技术分析之外，还可以按照应用领域进行技术分析，将其应用在建筑、车辆、船舶等领域。

2）专利挖掘示意。图 4-8 所示为基于产品应用类研发项目的专利挖掘示意。

其主要方法步骤如下：

第一步，基础产品应用领域分析。首先将基础产品所能应用到的具体领域一一列出，所列出的应用领域应尽可能具体，这样有利于细分出更多的技术分支，挖掘出更多的专利。

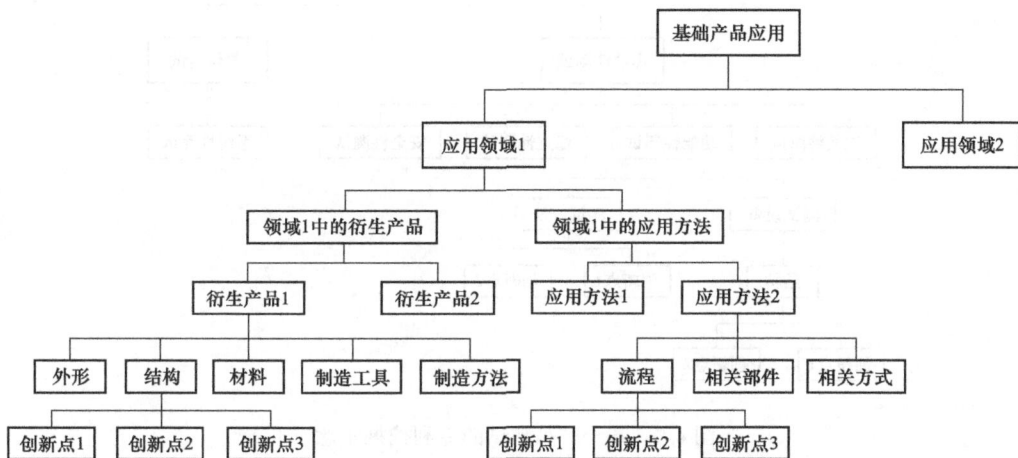

图 4-8　基于产品应用的专利挖掘示意

第二步，应用领域中的技术要素分析。对于基础产品所能够应用到的每一个技术领域，分别从基础产品应用到该领域后的衍生产品和应用基础产品的方法两个方面去进一步分解相关技术要素。相关衍生产品可以从结构、外形、材料等方面进行进一步分解；相关应用方法可以从方法的具体流程步骤、方法相关的部件以及方法相关的工作方式等角度进一步分解。

第三步，创新点分析。在第二步分解出的技术要素的基础上，进一步梳理每一个技术要素有可能涉及的创新点，例如衍生产品由于使用了基础产品而相应地做出了创造性的改变等，这些都是有价值的创新点。

（5）围绕产品测试的专利挖掘。在研发项目中，除了作为主体的研究开发阶段，测试阶段也是必不可少的组成部分。在产品测试阶段，往往会根据测试对象和目的不同，调整测试设备和方法。在这一过程中，也会产生大量的创新点。因此，有必要以产品测试为起点，进行有针对性的专利挖掘。

1）适用场景。基于产品测试类研发项目的专利挖掘方法一般适用于新研发产品的测试阶段，对于成熟产品来说，由于其技术已经成熟，性能趋于稳定，在测试阶段不会产生较大的问题，因此测试设备和方法也已相对成熟稳定。而对于新产品来说，由于产品本身要达到的技术指标、使用的技术手段、满足的客户需求都有可能是全新的，因此会对测试设备和方法提出新的挑战，也必然是大量创新点的来源。

2）专利挖掘示意。图 4-9 所示为基于产品测试类研发项目的专利挖掘示意。

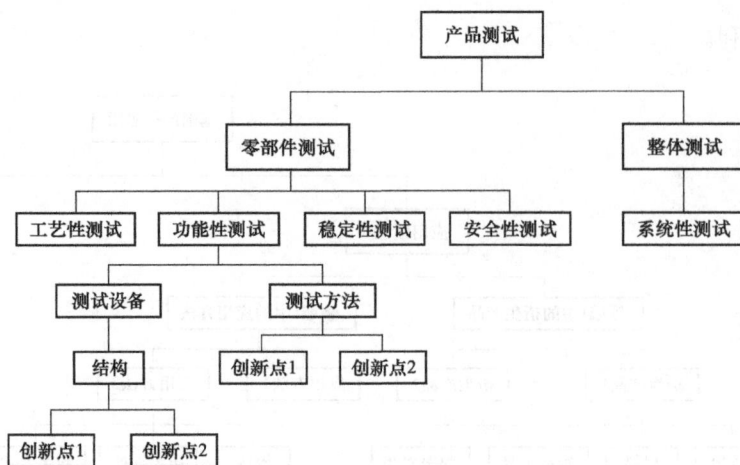

图 4-9　基于产品测试的专利挖掘示意

其主要方法步骤如下：

第一步，产品测试对象和参数分析。首先将产品测试的对象分为零部件和产品整体两类。对于零部件的测试，可以按照测试的参数不同进一步细分为工艺性测试、功能性测试、稳定性测试、安全性测试等。对于整体测试，则可进一步细分为系统性测试。

第二步，测试参数相关技术要素分析。在产品测试中，不同参数的测试相关联的技术要素相对集中，主要包括相关测试设备和相关测试方法。对于测试设备，主要从设备结构方面进行分析。

第三步，创新点分析。在第二步分解出的技术要素的基础上，进一步梳理每一个技术要素有可能涉及的创新点，例如测试设备在结构方面是不是有改进，在测试方法方面是不是有优化等。

（6）围绕产品生产的专利挖掘。在企业中，尤其是生产型企业，产品的生产也是创新点集中的环节，无论是样品的生产，还是成品的量产，都会遇到一些需要通过研发来解决的问题，因此，产品生产也应作为基于研发项目的专利挖掘手段的一个重要对象。

1）适用场景。基于产品生产类研发项目的专利挖掘方法一般适用于生产型企业，这类企业的业务以产品的生产组装为主，从零部件的生产、调试，到产品整体的组装、调试等，这些环节都是创新点集中的区域。此外，对于需要生产研发产品的首样的企业来说，也应关注此类专利挖掘方法，因为首样产品的生产往往会出现更多的问题，产生更多的创新点。

2）专利挖掘示意。图 4-10 所示为基于产品生产类研发项目的专利挖掘示意。

其主要方法步骤如下：

第一步，产品生产类型分析。首先将产品生产类型分为零部件生产和产品整体组装两类。

第二步，每一类型相关技术要素分析。在产品零部件生产中，主要涉及相关生产设备和生产方法，以及生产零部件的模具。对于产品整体组装，同样也主要涉及组装设备和组装方法。其中对于设备相关技术要素，主要从结构方法进行考虑。

第三步，创新点分析。在第二步分解出的技术要素的基础上，进一步梳理每一个技术要素有可能涉及的创新点，例如零部件生产设备为了生产研发产品，在结构方面是不是有所改进；在生产方法方面是不是有所优化；生产零部件的模具是不是有所改进等。

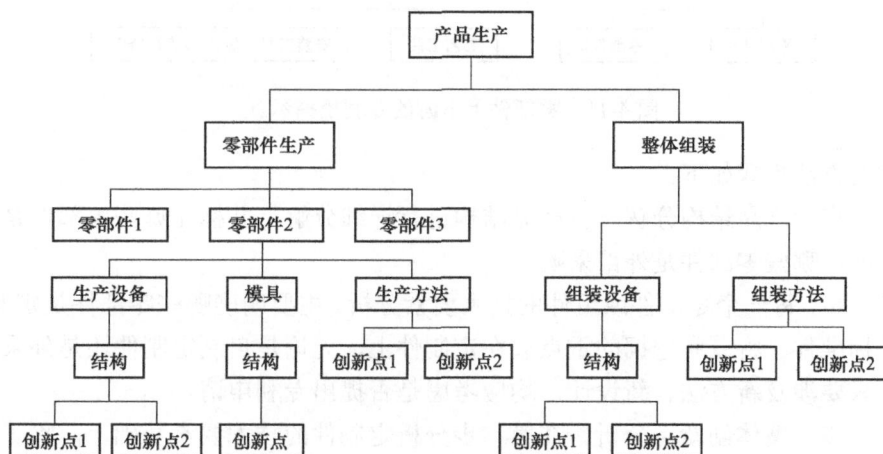

图 4-10　基于产品生产的专利挖掘示意

（7）围绕研发项目中零部件上下游的专利挖掘。产业链的上游为整个产业的原材料、零部件等基础环节，掌握着最新的技术动向；下游产品的技术升级换代受制于上游原材料或初级产品的技术水平。如果企业和竞争对手之前争夺的市场为中下游产品市场，企业可以向上游拓展延伸，进入产业链的基础环节和技术研发环节，在上游原材料或初级产品方向进行专利挖掘，占据竞争制高点。

对于任何一家企业来说，其生产的产品只是整个产业链中的一环。即便强如世界五百强公司，也不可能生产制造整个产品所需要的所有零部件乃至原材料。产业链的实质就是不同产业的企业之间的关联，而这种产业关联的实质既是各产业中的企业之间的供需关系，同时也是竞争合作关系。

1）适用场景。基于产品上下游的专利挖掘一般适用于终端产品生产企业，这类企业的业务既要依赖上游的原材料、零部件供应商，又要依赖下游的代工厂、经销商和分包商。因此也就意味着任何一个产业链的专利是分散在各个产业参与者手中的,这对于终端产品的生产者是不太有利的。一方面增大了终端产品的侵权风险,另一方面削弱了其对上下游的议价能力。因此,假如终端厂商在开发一款产品时,将其产品所涉及的零部件及相关技术均申请了专利,即可加强对产业链的控制,掌握更多的话语权。

2)专利挖掘示意。图 4-11 所示为零部件上下游的专利挖掘示意。

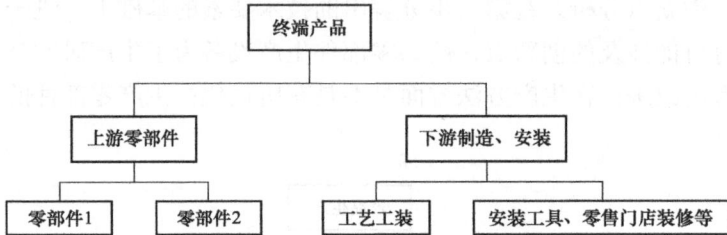

图 4-11　零部件上下游的专利挖掘示意

主要方法步骤如下:

第一步,产品结构分解。将产品结构进行详细分解,并标注哪些零部件是自己设计生产,哪些零部件是外部采购。

第二步,每一个零部件或组件的技术要素分析。主要明确哪些零部件是定制件,哪些是标准件。将专利挖掘的重点放在定制件上,无论是自制定制件还是外采的定制件,只要涉及新方法、新设计,均应考虑是否提出专利申请。

第三步,整体创新点分析。在第二步分析定制件的技术要素基础上,除了针对定制件的结构本身申请专利外,还应当对其使用场景、在整体产品中的位置、与其他零部件的连接关系及所实现的功能等进行整体挖掘,形成零部件使用场景的专利。这样,不仅可以限制上游零部件厂商,提高终端厂商的议价能力,还能对其他终端竞品厂商形成威胁。

2. 基于创新点的专利挖掘

(1)围绕创新点的专利挖掘手段的解决方案。

1)以专利分析为基础,找出与该技术创新点相关的关联技术因素,针对关联技术因素,适当对其进行多技术维度的扩展延伸,找出可能存在的外围创新点,比如可以从产品结构关联到方法、应用领域、制造设备、测试设备等。

2)沿技术链扩展延伸,将基础创新点沿技术链的方向扩展延伸,即可以基于上下游技术之间的承接关系而保证基础创新点与衍生创新点之间的兼容性,又可以基于技术链的深度和广度而保证扩展延伸的全面性和充分性。

图 4-12 给出了基于创新点的专利挖掘示意。

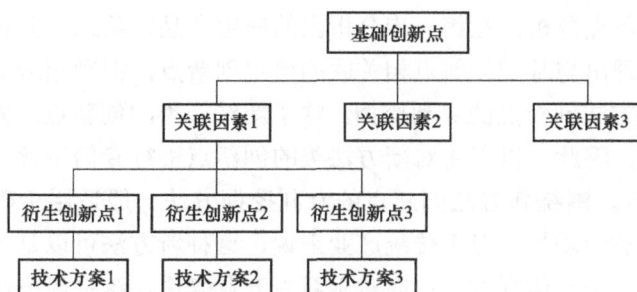

图 4-12 基于创新点的专利挖掘示意

（2）围绕新结构创新点的专利挖掘。在企业的专利挖掘工作中，最为常见的创新点类型是新结构类的创新点。

1）适用场景。围绕新结构创新点的专利挖掘方法一般适用于确定的基础创新点为一种新的结构的场景。此处所说的结构，可以是传统意义上的有形的物理结构，也可以是软件开发领域中无形的算法架构，只要这种新的结构可以被用来形成新的产品，即可适用于此类专利挖掘手段。

2）专利挖掘示意。图 4-13 所示为围绕新结构创新点的专利挖掘示意。

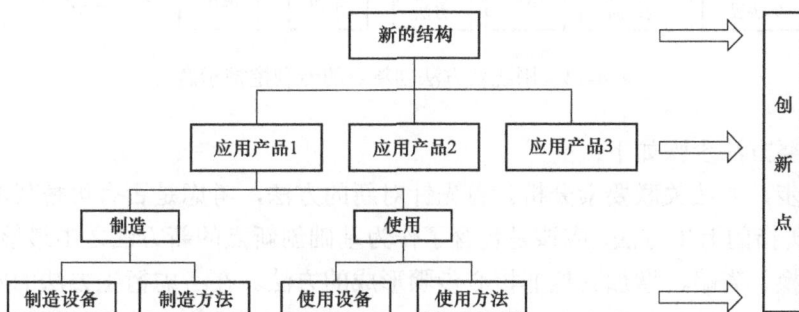

图 4-13 围绕新结构创新点的专利挖掘示意

其主要方法步骤如下：

第一步，应用产品分析。首先围绕新结构创新点，分析基于该新的结构可以形成哪些新的产品，即确定与基础创新点相关联的衍生产品。需要注意的是，衍生产品一定要包含上述新的结构，可以采用替换其他结构的方式，形成不同的产品，扩展产品种类，增大保护范围。

第二步，沿技术链的技术要素分析。在第一步分析出的每种应用产品的基础上，进一步根据技术链途径，向产品的上游和下游方向延伸，例如向上游延伸到产品的制造方法和制造设备，向下游延伸到产品的使用方法和使用设备，以及应用该产品的进一步的衍生产品。

第三步，创新点分析。在第一步分析出的应用产品、第二步分析出的设备和方法中，都可以梳理出与基础创新点相关联的衍生创新点，得到相应的专利申请。

（3）围绕新方法创新点的专利挖掘。除了新结构类的创新点之外，还有很多创新点涉及新方法。因此，以下将对新方法类的创新点进行专门讲解。

1）适用场景。围绕新方法创新点的专利挖掘方法一般适用于确定的基础创新点为一种新的方法的场景。对于传统产业来说，这种新方法可以是一种生产方法、制造方法、使用方法、运行方法；而对于新兴产业来说，这种新方法还可以是一种新的软件算法、硬件机制等。如果专利申请的受理国保护商业方法专利，那么商业方法也要作为专利挖掘的重点。

2）专利挖掘示意。图 4-14 所示为围绕新方法创新点的专利挖掘示意。

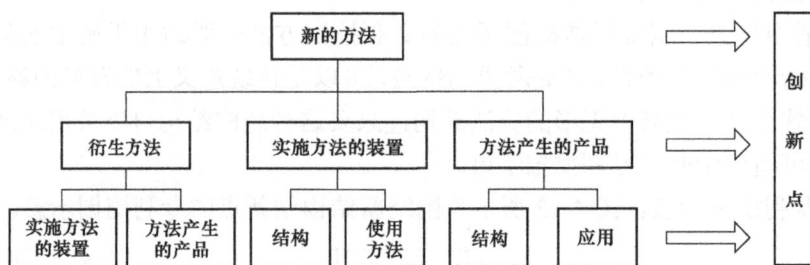

图 4-14 围绕新方法创新点的专利挖掘示意

其主要方法步骤如下：

第一步，方法关联要素分析。首先针对新的方法，考虑是否有可替代的衍生方法。这里所指的衍生方法，应该是包含了作为基础创新点的新方法之中最核心步骤，而通过替换、省略、增加其他非核心步骤形成的方法。在考虑衍生方法的同时，还应考虑实施新方法的装置和新方法产生的产品是否也由于新方法的创新点而产生了创造性的改进。

第二步，沿技术链进一步延伸分析。在第一步分析出的衍生方法的基础上，考虑实施方法的装置和方法产生的产品。而对于实施新方法的装置，则可以通过装置结构以及装置的使用方法等两方面来延伸，确定装置的结构和使用方法是否因为新方法的创新而带来了相应的改进。最后，针对新方法产生的产品，还可以继续按照产品的结构和产品应用领域两条途径继续延伸。

第三步，创新点分析。在第一步和第二步分析出的各种方法、装置、产品、结构、应用领域中，都可以梳理出与作为基础创新点的新方法相应的衍生创新点，进而形成专利申请。

（4）围绕新物质创新点的专利挖掘。上文讨论了围绕新结构和新方法创新点的专利挖掘手段，还有一类围绕新物质创新点的专利挖掘也是企业专利挖掘工作中的常见场景。新物质的产生通常是基础科学的重大突破，它背后的技术衍生难以预估，如石墨烯被发现后，已经数不清有多少围绕它的专利产生。而新的药物不能随便拓展，因为替代某一个基或改变某一组分的比例都可能改变药性，因此建议多从纵向延伸去挖掘关联创新点。

1）适用场景。围绕新物质创新点的专利挖掘方法一般适用于确定的基础创新点是一种新的物质的场景，例如新的化合物、新的材料等。

2）专利挖掘示意。图 4-15 所示为围绕新物质创新点的专利挖掘示意。

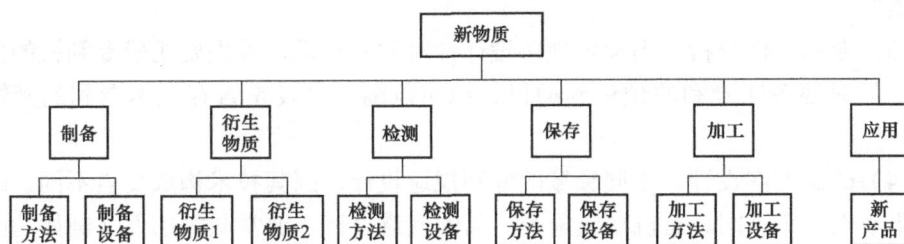

图 4-15 围绕新物质创新点的专利挖掘示意

其主要方法步骤如下：

第一步，沿技术链分析新物质关联要素。首先针对新物质，向技术链上游扩展到新物质的制备；在同一层级，横向扩展新物质的衍生物质；向技术链下游，进一步扩展到针对新物质的检测、保存、加工和应用相关的要素。

第二步，进一步延伸分析。分别以第一步扩展出的关联要素为基础，进一步细化延伸，例如新物质的制备，可延伸至相关制备方法和制备设备，对新物质的检测、保存和加工，也可采用相同的思路延伸至相关方法和设备。对于衍生物质，可以通过替代新物质中的非核心官能团等方法，延伸至多种衍生物质。对于新物质的应用，则可根据新物质的性能，具体分析可能应用到的各种领域，产生相应的新产品。在对新物质的专利挖掘中，新物质的应用是最为关键的挖掘环节，应用领域专利的充分全面挖掘可有效提高对新物质的专利保护力度。

第三步，创新点分析。在第二步细化出的各种方法、设备、衍生物质和新产品中，梳理出相应的衍生创新点，进而形成专利申请。

4.4.3 针对规避设计进行专利挖掘

规避设计是以专利侵权的判定原则为依据，通过分析已有专利，使产品的技术方案借鉴专利技术，但不落入专利保护范围的研发活动。根据规避设计的技术方案进行的专利挖掘则是针对规避设计的专利挖掘方法。规避设计是一种差异化设计，其核心在于规避专利侵权的风险，本质上仍然是一种研发活动。

规避设计的专利挖掘流程包括如下步骤：

（1）确定规避主题。规避主题的确定需要基于市场和技术两方面的考虑，结合企业整体规划，细分技术领域，选择与企业利益最密切相关的切入点，精准定位规避对象，确定规避主题。

（2）现有技术检索。现有技术检索是规避设计的基础，检索的全面性对于规避设计的有效性至关重要。常规的检索手段包括关键词的检索、分类号的检索、基于申请人/发明人的检索、同族专利检索，以及一些检索平台如智慧牙、Incopat 的语义检索等。

（3）专利文件分析。当锁定规避设计针对的专利后，首先要明确专利权的保护范围，同时要关注专利的预估到期日、地域范围，以及是否存在本专利的延续申请等。

（4）改进方案设计。不同领域的专利规避设计，因其技术构成要素不同，改型的侧重点也有所不同。对机械或电子产品的规避设计，通常从零部件（例如功能近似的不同元件替换、削减元件相应减少功能……）、组装方式（固定式/可拆卸式组装……）、连接关系（直接连接/间接连接……）、控制方法（控制条件、操作步骤）等构成要件来考虑。而材料、化学及医药领域的产品通常为特定组分的组合物或者化合物，其技术方案的构成要件包括产品的组成成分、组分之间的配比，以及产品在通常状态下所呈现出的固态、液态或者气态的形态，规避设计通常会考虑组分及其配比的不同。同时，也尝试采用不同的产品形态，考虑不同的制备工艺。

（5）侵权风险评估。将改进方案与规避设计专利的技术方案进行对比，确定两者之间的区别，并且从法律层面分析评估区别技术特征的差异程度是否足以消除等同侵权的风险。

（6）可专利性评估。侵权风险评估通过的方案，仍然要从专利审查的角度，判断技术方案是否满足专利法保护客体的需求，是否满足技术方案公开充分的需求，是否满足新颖性和创造性的审查标准。

（7）扩展挖掘。在形成核心技术方案的基础上，可以再进行扩展性的专利挖掘，例如技术方案的再次改型、技术方案的扩展等，进而形成"核心 + 外围"的专利组合，对创新方案进行保护。

4.4.4 基于专利地图进行专利挖掘

专利地图是一种专利分析研究方法和表现形式。通过对专利文献中所包含的技术信息、经济信息、法律信息的深度挖掘与分析，将蕴含在专利数据内的大量错综复杂的信息以各种视觉直观的图表形式反映出来，具有类似地图的指向功能。

由于专利挖掘的主体是研发人员,所以专利技术地图在专利挖掘中应用最广泛。借助专利技术功效矩阵是常用的专利挖掘手段之一。

专利技术功效矩阵图是指分解某一专利技术领域中的技术分支与实现的功能效果,制成矩阵型的统计图表,如图 4-16 所示,功能效果作为横(纵)坐标轴,技术分支作为纵(横)坐标轴,以专利数量作为分析对象,一般采用气泡图的表现形式,通过不同技术功效图中的专利申请量的分布,可以得到某领域技术或需求发展的整体情况,以及技术密集区(气泡面积较大)、稀疏区(气泡面积较小)和空白区(无气泡或者面积很小),协助技术研发者发现热点方向、风险点和机会点。

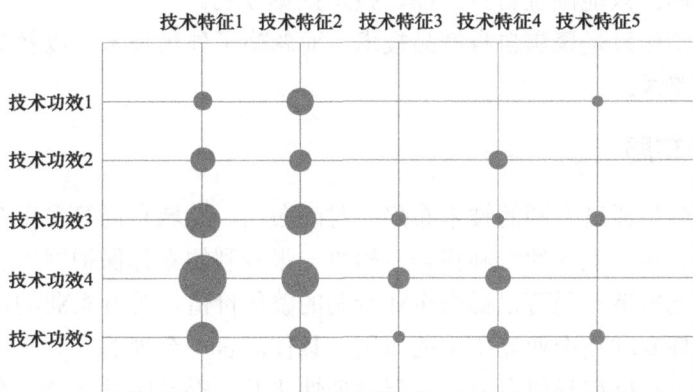

图 4-16 专利技术功效矩阵图示意

针对技术密集区,技术相对成熟,可以考虑技术改进,同时考虑在现有专利基础上进行规避设计;而针对技术稀疏区,技术处于发展阶段,可以考虑改进已有专利,同时考虑积极寻找新的技术方向;此外针对技术空白区,研发空间较大,同时技术瓶颈也较大,要大胆创新,产生新的技术成果及时申请专利,抢占技术高地。

4.4.5 专利挖掘、布局误区

随着企业对专利价值认知的提升,越来越多的企业开始重视专利申请工作。但在专利挖掘、布局过程中经常存在如下误区:

(1)误区一:技术难度/门槛低,专利申请通不过。

一些技术专家由于见多识广,技术功力深厚,会想当然地用技术难易度衡量专利授权的创造性标准。然而,专利法层面的创造性标准根本不会考虑所谓的技术难易度,而主要以检索的现有技术文献作为参照性判断专利申请是否具有区别技术点及功效。

(2)误区二:技术还没有实际实施应用,不能申请专利。

一些研发人员由于项目化思维定式，认为申请专利与产品开发一样需要最终项目验收产品化。然而，专利法保护的是技术方案，不是产品本身，技术有无产品化、市场前景都不会专利申请的审查。相反地，一些科技型企业都会内设技术预研部进行前瞻性技术研发，也会产出大量未实际应用的专利储备。

（3）误区三：技术存在缺陷，不能申请专利。

一些研发人员本着科学、严谨的研发态度，认为申请专利与技术研发一样需要经过技术评估论证、技术落地，不能存在技术缺陷。但实际上，任何技术本身不可能是完美的，存在的缺陷也可能是后续发明创造的机会点。

（4）误区四：只能围绕自身产品、技术挖掘专利。

专利申请工作只是聚焦自身产品技术，而忽略了外延技术，以及对手的竞品、对手产品技术路线。

4.4.6 专利布局

专利布局就是通过专利的技术布局、时间布局、地域布局等多重布局，形成一系列彼此联系、相互配套的专利集合，构筑一张专利的立体保护网络。

合理的专利申请布局可以提高企业专利的整体价值，提升企业的市场竞争力，最大限度地发挥专利在企业竞争中的作用。具体而言，合理的专利布局至少具有以下作用：有利于正确引导研发方向，促进理性研发，提高研发成效；有利于理性进行专利申请，节省申请成本；有利于构建合理的专利保护网，避免零散和杂乱无章的专利申请情形的出现；有利于在保护自身的同时，削弱竞争者的优势，抑制竞争者的发展或者转移竞争者的视线。

1. 时间布局

专利的时间布局包括申请时机、公开时机和专利维持时间的布局。

（1）专利申请时机。专利申请时机很重要，目前世界上绝大多数国家采用先申请制，即发明创造的技术达到一定成熟度时就提出专利申请。但鉴于激烈的竞争环境，从整体利益出发，应当对申请时机进行统筹。

专利申请时机，应当重点考虑行业整体技术现状和竞争对手研发进度。当技术成果同时有多家企业或者其他主体在进行研制时，应抢先申请。当技术水平明显领先时，为了避免技术过早公开导致泄露，可以考虑暂缓申请，但选择此种方式，一定要紧跟其他从业者的研究步伐，避免被别人捷足先登，反过来限制自己。

（2）公开时机。很多国家/地区专利申请审查的流程是：先公开，再进行审查。如我国的发明专利申请，专利递交后，可以选择提前公开，如申请人不要求提前公开，一般专利申请会在递交后 18 个月进行公开。

当需要尽快获得专利权时，一般会选择专利申请时同步勾选提前公开，以实现尽早公开，尽早审查，进而尽早确权的目的。

但对于储备性技术、有改进/完善预期的技术或者外围专利暂未准备完全的专利申请，则不建议提前公开，这样不仅可以达到实际上的保密目的，还避免了在先申请对于在后申请新颖性、创造性的影响，进而最大程度保护申请人的利益。

（3）专利维持时间。专利维持是指在专利法定保护期内，专利权人依法向专利行政部门缴纳规定数量维持费使得专利继续有效的过程。如我国的专利有效期（自申请日起计算）如下：①发明专利权的期限为二十年；②实用新型专利权的期限为十年；③外观设计专利权的期限为十五年。

专利维持时间取决于专利权人根据专利技术情况、专利价值、专利持续投入规划、专利制度相关规定等主要影响因素做出的综合性决定。专利维持的目的在于企业增值和利润最大化。如果不能转化为产品应用、不能通过各种经营方式转化、不能通过保护性的组合发挥专利作用，或者随着市场变化而失去相应功能，且不存在转让等运用可能，则可以停止缴纳专利维持费用。

2. 地域布局

地域布局是指基于专利的地域性特征，在全球范围内确定需要进行专利保护的区域（即目标地域），制定区域专利申请部署规划，从而确保企业在整体市场中处于有利的竞争地位。

专利布局服务于市场，企业在选择专利申请的地域时，要综合考虑不同国家和地区的专利保护环境、企业自身的现有市场和潜在市场，同时也要考虑竞争对手市场情况。

针对竞争对手的市场进行专利布局，一方面可以为将来企业进入提前做好准备；另一方面，即便是企业不进入，也可针对竞争对手进行对抗和限制性专利布局，为后续可能发生的专利纠纷提供应对筹码。

3. 技术布局

常见的专利技术布局的方式有：

（1）路障式布局。路障式布局是指将实现某一技术目标之必需的一种或几种技术解决方案申请专利，形成路障式专利的布局模式。其优点是申请与维护成本较低，但缺点是给竞争者绕过己方所设置的障碍留下了一定的空间，竞争者有机会通过回避设计突破障碍，而且在己方专利的启发下，竞争者研发成本较低。因此，只有当技术解决方案是实现某一技术主题目标所必需的，竞争者很难绕开它，回避设计必须投入大量的人力财力时，才适宜用这种模式。

采用这种模式进行布局的企业必须对某特定技术领域的创新状况有比较全面、准确的把握，特别是对竞争者的创新能力有较多的了解和认识。该模式较为适合技术领先型企业在阻击申请策略中采用。例如，高通公司布局了 CDMA 的基础专利，使得无论是 WCDMA、TD-SCDMA，还是 CDMA2000的3G 通信标准，都无法绕开其基础专利这一路障式专利。

（2）城墙式布局。专利权拥有者想要保有竞争优势，就应该避免让竞争对手有回避设计的机会，否则该专利就容易完全失去价值。城墙式布局是指将实现某一技术目标之所有规避设计方案全部申请专利，形成城墙式系列专利的布局模式（即申报策略性专利）。该布局模式具有较大的阻绝功效，是某特定产品领域所必需的技术或是路障性专利组合，具有阻碍性高、无法回避设计的特点。

采用城墙式专利布局的方式，必须清楚地知道围绕某一个技术主题可能存在的多种不同的技术解决方案，每种方案都能够达到类似的功能和效果时，就可以使用这种布局模式形成一道围墙，以防止竞争者有任何的缝隙可以用来回避。例如，从微生物发酵液中提取到某一活性物质，就必须考虑通过化学全合成、从天然物中提取以及半合成或结构修饰等途径得到该活性物质（即使后述的技术方案不是最佳实施方案或自己根本不涉足），然后将这几种途径的方法一一申请专利。

（3）地毯式布局。如果没有绝佳的城墙式专利布局，也可以形成类似于布雷区的地毯式专利布局。地毯式布局是指将实现某一技术目标之所有技术解决方案全部申请专利，形成地毯式专利网的布局模式，这是一种"宁可错置一千，不可漏过一件"的布局模式。采用这种布局，通过进行充分的专利挖掘，往往可以获得大量的专利，围绕某一技术主题形成牢固的专利网，能够有效地保护自己的技术，阻止竞争者进入。一旦竞争者进入，还可以通过专利诉讼等方式将其赶出自己的保护区。但是，这种布局模式的缺点是需要大量资金以及研发人力的配合，投入成本高，并且在缺乏系统的布局策略时容易演变成为专利而专利，容易出现专利泛滥却无法发挥预期效果的情形。

这种专利布局模式比较适合在某一技术领域内拥有较强的研发实力，各种研发方向都有研发成果产生，且期望快速与技术领先企业相抗衡的企业在专利网策略中使用。例如，IBM 的专利布局模式就是地毯式布局的典型代表，IBM 在任何 ICT（信息通信技术）类目中，专利申请的数量和质量都名列前茅，每年靠大量专利即可取得丰厚的许可转让收益，而无需巧取豪夺、兴师动众。

（4）包绕式布局。包绕式布局是指在核心专利由竞争者掌握时，将包绕该技术主题的许多技术解决方案申请专利，形成包绕式专利群的布局模式。即在核心专利由竞争者掌握的情况下，围绕核心专利设置若干小专利，将核心专利包围起来，形成一个牢固的包围圈。这些小专利的技术含量也许无法与核心专利相比，但其组合却可以阻止竞争者的重要专利进行有效的商业使用，给竞争者造成很大的麻烦，使得基础专利或核心专利的价值大打折扣或荡然无存，这样就具有了与拥有基础专利或核心专利的竞争者进行交叉许可谈判的筹码，在专利许可谈判时占据有利地位。

实施这种布局模式，需要企业对核心专利具有一定的敏感度，并能够快速跟进。例如，发现欧美厂商在日本专利局申请了一种新型自行车的专利后，日本企业就赶紧申请自行车脚踏板、车把手等众多外围小专利（包括外观设计专利）。欧美厂商想实施其新型自行车总体设计方案时，躲不开这些外围专利，只好与日本企业签订交叉许可协议。

（5）糖衣式布局。糖衣式布局是指在核心专利由本企业掌握时，将围绕该技术主题的许多技术解决方案申请专利，形成糖衣式专利群的布局模式。这种情况近似于有计划实施的地毯式布局，即在拥有了核心专利的同时，再在该核心专利周围设置许多小专利，形成一个由核心专利和外围专利构成的专利网，从而提高竞争者规避设计的难度，并形成自己的技术壁垒，使竞争者无法突围，同时也降低了竞争者围绕本企业核心专利进行围栏式专利布局的风险。

采用这种布局模式时，应尽量采取核心专利和外围专利同时申请的策略，即如果企业拥有某技术领域的一项或者几项核心技术，则可以等待与之配套的技术也开发成功后，同时提交专利申请，以避免给竞争者留下外围技术开发和申请专利的机会。当然，为了使得某些核心技术的信息不被公开，延迟竞争者获取核心技术相关信息的时间，也可以采用先申请外围专利，后申请核心专利的次序，这样可以将核心专利保护期限的起算点向后推移，延长专利保护时间。

4.5 高价值专利组合

4.5.1 高价值专利的定义

马天旗主编的《高价值专利培育与评估》中提到：高价值专利有广义和狭义之分。从狭义上讲，高价值专利是指具备高经济价值的专利。但在很多情况下，具有高市场价值或者潜在高市场价值的专利之所以没有体现出高经济价值，可能是由于一些客观或主观因素造成的迟滞，比如战略时机上的考虑。因此，从高价值专利筛选的角度来说，广义地将高（潜在）市场价值专利和高战略价值专利的并集视为高价值专利是可取的方式。换句话说，从广义上讲，高价值专利是指高（潜在）市场价值专利和高战略价值专利的并集。

2021年3月29日，国家知识产权局战略规划司司长葛树接受新华社记者专访时介绍：我国明确将以下5种情况的有效发明专利纳入高价值发明专利拥有量统计范围：战略性新兴产业的发明专利；在海外有同族专利权的发明专利；维持年限超过10年的发明专利；实现较高质押融资金额的发明专利；获得国家科学技术奖或中国专利奖的发明专利。

战略性新兴产业领域的有效发明专利，是面向国家重大发展需求、推动产业创新发展的重要资源，其他 4 个方面的有效发明专利，具有专利稳定性强、价值较高的特点。

4.5.2 高价值专利的特点

高价值专利具有如下三个特点：

1. 不确定性

高价值专利的不确定性是由于其技术价值不确定所导致的。高价值专利的基础是技术价值，技术是否被市场所接受，在研发时是具有不确定性的，这也是"创新是有巨大风险"的原因。往往一项技术从研发到被市场接受，需要经过多次试验、重复调整，也有可能到最后竹篮打水一场空。

2. 评价滞后性

通过高价值专利的定义可知，评价专利是否具有高价值，需要接受市场的检验才能做出，此时，技术与专利均已形成，评价是滞后的。这也是现在高价值专利识别与筛选提得比较多的问题。

3. 动态性

众所周知，从技术维度来看，技术具有生命周期，其价值会随着本领域的科学研究、产业发展等因素变化而动态变化；从法律维度来看，专利具有时间性，高价值专利因专利排他权所产生的收益是有时间限制的，体现为动态性。因此，高价值专利具有动态性。

4.5.3 高价值专利组合

专利组合是专利挖掘与布局的结果。即通过专利挖掘与布局，使得多件专利申请之间产生联系，交织成网，对需要保护的技术进行有效保护，类似于渔网，比如渔网中的结点相当于专利，结点与结点之间的线相当于专利之间的联系，结点与线牢固，保护才行之有效。

高价值专利组合是指在具备技术价值的前提下，基于专利质量能够给专利权人带来高收益的专利组合。

4.5.4 高价值专利组合的构建流程

高价值专利组合的构建分为战略制定、专利获取、专利分类、组合构建、组合优化与维护 5 个阶段和步骤。

1. 战略制定阶段

企业根据自身的愿景和使命，需要充分考虑自身实力、市场竞争态势以及技术发展状况，才能制定适合自身的专利战略。专利的作用对于企业来说，不外乎用于攻击竞争对手、防御竞争对手的攻击、提升自身技术影响力以威慑他人、作为商业谈判的筹码用于技术储备等。

2. 专利获取阶段

专利战略制定之后，就需要围绕具体的战略进行专利布局，核心就是如何获取相关专利组合。获取专利的途径主要有自己申请专利和对外购买专利，当然也可以通过研发合作、组建专利联盟、建立专利池等专利联盟的形式共同构建专利组合。

3. 专利分类

基于专利的功能，分为以下 8 种类型：

（1）基本专利。基本专利主要覆盖了创新技术成果的基本方案的最主要技术特征，为其提供最大保护范围的若干专利，这些专利发挥了对该技术成果最基础、最重要的保护和控制作用。

（2）核心专利。核心专利主要是覆盖了创新技术成果的核心方案的最主要技术特征，为基本专利提供细化支撑，并将其产品化的基础或优选方案的专利。

（3）竞争性专利。竞争性专利主要是为解决同一技术问题，或为实现相同或相近的技术效果而采取的不同的替代技术方案的专利。通过围绕某一技术方案设置若干竞争性专利，可以在一定程度上阻止他人的规避设计，提高竞争对手的研发成本。另外，其中的一些专利也有可能成为企业的储备性技术，未来随着技术和市场的发展而替代现在使用的方案。

（4）互补性专利。互补性专利主要是围绕核心或基本方案衍生出的各类改进型方案的专利，包括对技术本身的优化、改进方案，与各种产品结合时产生的具体应用方案等。互补性专利与基础性专利，在保护范围和保护效果上相互补充、交叉，可以对自身的核心和基本方案的实现有效地延伸保护。通过互补性专利也可以有效延长对技术的保护时期。

（5）支撑性专利。支撑性专利主要是对核心或基本方案的具体实施起到配套、支撑作用的相关技术的专利，如该方案相关的上下游技术的专利。支撑性专利与基础性专利在对技术的控制作用上相互依赖，可有效扩大企业的技术控制范围，增加企业对产业链的影响力。

（6）延伸性专利。延伸性专利主要是核心或基本方案在向其他应用领域扩展时，所衍生出的各种变型方案，以及其与这些领域中的相关技术相结合时产生的技术组合方案。延伸性专利为潜在的各类扩展应用提前建立了保护屏障，使得企业对技术控制的领域得以延伸。

（7）防御性公开。为了控制专利申请和管理成本，企业对于部分认为对于自身价值不大但又有可能为企业所关注或采用的技术成果，可以采用防御性公开的方式。

一方面，可以有效阻止其他企业获得该技术的专利，从而避免潜在的专利侵权风险；另一方面，也降低企业的专利申请和管理成本。

（8）迷惑性专利。企业经过内部判断，可以有意选择若干产业前景或市场前景并不看好，或是成本竞争力不足，或是技术缺陷明显等实际上为企业所放弃的技术方案来申请专利。这类专利主要目的并不是保护企业的技术方案，而是迷惑竞争对手，让竞争对手难以发现企业真正的技术或产品规划，引导竞争对手选择错误的竞争点位。

4. 组合构建

目前，常见的专利组合方案有：

（1）专利类型的组合。同时申请发明和实用新型（一案两请）作为企业专利战略的重要手段，其解决了企业尽早获得专利保护需求和发明专利审查周期较长的矛盾。但"一案两请"可以变换出多种组合形式，以满足不同的目的和需求。

首先，采取两者保护范围不一致的手段。比如，采取实用新型保护范围较大、发明保护范围适中的手段（见图 4-17）。由于实用新型创造性标准要求较低，可以适当要求保护的范围大一点，而发明需要经过实质审查，创造性审查标准要求较高，获得适中的法律稳定性较高的保护范围，从而形成一个双层的保护。

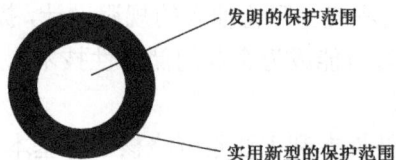

图 4-17 "一案两请"中实用新型保护范围较大的情况

当然，这种情况还可以反过来使用，即实用新型的保护范围较小，发明的保护范围较大（见图 4-18）。实用新型先授权，可以先期保护产品生产和销售以及指向侵权产品，同时由于保护范围较小，所以法律稳定性强。在后公开的发明还可根据自身以及竞争对手产品的变型，调整发明的保护范围，来一招"黄雀在后"。

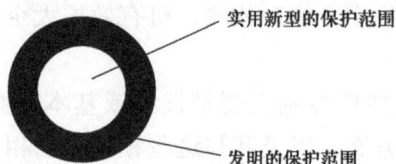

图 4-18 "一案两请"中实用新型保护范围较大的情况

还可以采用围绕发明同时申请多件实用新型，对于发明所保护的技术方案的效果等同的技术方案或者改进方案申请外围的实用新型专利（见图 4-19）。与全部申请发明相比，这样不仅大大降低成本，同时可以堵住竞争对手的规避设计和反包绕的技术路线。而且在发明未授权之前，保护范围具有保密性，还可以给竞争对手造成困惑，挤压竞争对手的研发空间。

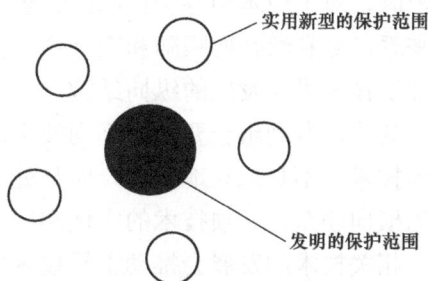

图 4-19　实用新型作为发明外围专利的情况

其次，在采取两者保护范围不一致的情况下，对实用新型和发明采取先后申请，如采取发明在前、实用新型在后申请（见图 4-20）。其最大的优势在于弥补了企业在发明专利申请后又发现产品的市场运营急需专利权保护，而发明尚未授权的权利真空期。在实施这一策略时应注意调整在后实用新型的保护范围，既要满足技术发展路径、市场和产品需要，又需要避免在先发明可能作为抵触申请的情况。

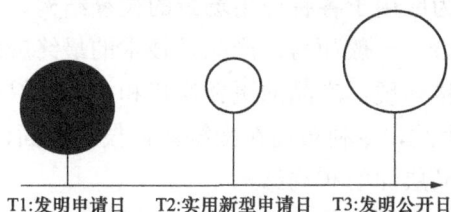

图 4-20　实用新型后于发明申请的情况

（2）技术主题的组合。基础专利在一个专利组合中相当于"心脏"，核心专利相当于"手足"。对原始创新保护的强弱，并不仅仅取决于布局形态的选择或专利数量的多寡，而是首先要对保护的主题和内容进行反复考虑和设计，形成强保护范围的基本专利，一定要避免落入仅对具体实现手段或具体方案进行保护的误区。

因此，在构建专利组合时，首先要考虑的就是能否提炼出基本专利。基础专利＋核心专利＋外围专利可形成强有力的专利组合。比如在研发过程中，发现了一种产品的新的生产工艺，发现该方法制备的产品区别于现有产品，就可以尝试去挖掘出概括型的产品专利方案作为基础专利，生产工艺作为核心专利，改进型的生产工艺可以作为外围专利。

（3）技术构成的组合。技术结构是任何一种专利组合的基础要素结构。技术具有延续性、关联性和应用性等特点，因此，在考虑专利布局的技术结构时，也主要是从上述 3 个方面考虑，在具体结构上包含纵向结构、横向结构和枝蔓结构。

首先，专利组合要围绕技术的延续、纵深发展形成纵向布局结构。一项技术的发展总是向其极限性能方向发展，如成本的不断降低、使用性能的不断提升、功能的不断完备、环保安全性的不断提高、可靠性的不断提升等。当一项技术达到某一极限时，对于成本和各种性能的追求又不断驱动着有新的替代技术产生，因此，长期来看，专利组合要跟随和围绕这种技术的改进和更迭，从而在技术结构上体现为因应于技术纵深发展的纵向结构。

其次，专利组合要围绕不同技术之间的关联支撑关系形成横向布局结构。任何一项技术都不是孤立地发展，而是处于一个相关技术群中，技术与技术之间有着广泛的横向联系。一项技术的实现和发展需要相应的工艺、制造技术和材料技术的支持，相关技术的发展会推动主导技术的发展。因此，在任何一个技术发展时期或阶段，专利布局都需要考虑向横向支撑和关联技术的覆盖，从而在技术结构上体现为因应于技术的支撑和关联关系的横向布局结构。

最后，专利组合要围绕各种技术应用场景形成枝蔓布局结构。任何一项技术总是由已知领域向未知的应用领域渗透，不断地开发出技术的新用途，就如同一棵大树不断生出新的枝蔓。因此，专利布局要围绕各种新的应用领域，不断扩展完善，从而在技术结构上体现为应用于各种应用场景的枝蔓结构。

（4）产品结构的组合。一般而言，产品是技术的最终应用形态，也往往是技术的应用性和关联性的直接体现，产品的更新换代和技术的纵深发展之间也是相互促进、互为因果的关系。因此，专利布局在围绕具体技术层面，考虑技术结构的同时，也必然需要考虑围绕产品层面的布局结构。

考虑到产品的技术复杂性和集成性的特点，围绕产品的专利布局结构需要重点考虑层级性、交叉性和突出性。首先，围绕产品专利布局时要从整个产品的系统构成方面形成层级搭建的结构。从产品的设计、制造、组装、销售、使用和增值服务的全链条来看，可以将其涉及的技术内容划分为结构设计类、工艺制造类、组装调试类、安装使用类 4 个层面，每一层面下又包含多个子层，如表 4-3 所示。

表 4-3　　　　　　　　　　　　围绕产品的专利技术类型组合构建

围绕产品的专利技术类型	技术主题的主要内容
结构设计类	整机的结构、功能和外形设计、零部件结构、功能和外形设计
工艺制造类	原材料的选择、检测和处理，中间品及成品的制造及加工的方法、模具和设备，工艺过程的安全、节能和环保设计，中间品及成品的检测、检验和包装
组装调试类	各功能模块的组合、封装和调试，功能模块之间的结构布局和互通互联，各功能模块的替代性方案和选择，关键模块的安全性和可靠性设计
安装使用类	安装的设施、工具和工艺，安装设施及其过程的安全、环保和可靠性设计，使用操作的界面、流程和信息反馈，使用后的维修、回收和安全处理设计

另外，围绕产品进行专利组合构建时要突出关键部件、关键功能、关键结构和

关键技术等核心内容。企业应该抓住其中创新程度较高、性能改善明显、差异化特点突出的部件、功能、结构、技术进行重点专利组合，这其中又应该重点关注对该产品带来较高附加值专利组合的技术点。

（5）产业链的组合。一般来说，产业链的上游为整个产业的基础环节，拥有更高的技术含量，下游产品的技术升级换代受制于上游原材料或初级产品的技术水平。企业可以基于自身专利技术向上游拓展延伸，进入产业链的基础环节和技术研发环节，在上游原材料或初级产品方向进行专利挖掘，形成自身产品核心专利与上游原材料或初级产品的专利进行组合，占据竞争制高点。此外，企业还可以在该产品的下游各个应用方向挖掘专利，转化为生产和生活中的实际产品和应用专利（见图4-21）。

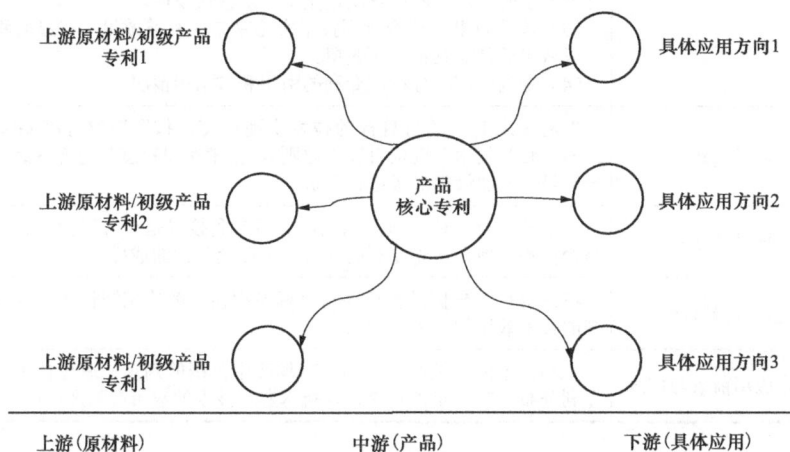

图 4-21　产业链专利组合构建思路

5. 组合优化与维护

专利组合并非一个静止的专利集群，而是一个动态的技术组合和价值组合群，专利组合优化和维护的内容主要包括数量上的补充、专利组合内容上的更替和结构上的调整。

（1）评估优化。开展专利组合的价值评估和优化工作，是为后续专利组合的实际运营和管理维护工作提供参考依据。可以通过衡量专利组合不同价值维度的高低，对应性地制定专利组合的提升方案，并有的放矢地优化专利组合。

专利价值评估可以从技术、法律、市场维度对专利价值进行分析。技术价值是专利的内在价值，是高价值专利的基础；法律价值是专利权人通过法律享有专利独占权益的保障；市场价值是专利技术在商品化、产业化、市场化过程中带来的现在和未来预期的收益，是专利价值的核心。

1）技术价值维度的分析评价方法。从专利产品覆盖度、技术先进性、技术成熟度、技术独立性、技术可替代性、技术应用前景与广度六个方面对专利技术价值进行分析评价。技术价值维度的分析评价方法见表4-4。

表4-4　　　　　　　　　　技术价值维度的评价方法

	评价项	评价方法
技术价值维度	专利产品覆盖度	在当前分析时间点，分析专利的保护范围是否覆盖了对应产品
	技术先进性	从技术问题、技术原创性、技术效果、专利引证对技术先进性进行分析评价 （1）技术问题：评价该专利所解决的技术问题的重要程度：解决的是关键、常规还是次要问题。 （2）技术原创性：评价专利技术方案在当前技术水平下的创新程度：是开创性发明、重大改进发明还是的一般改进发明。 （3）技术效果：评价专利技术实施带来的有益效果：有显著积极效果、一般效果还是兼具正负面效果。 （4）专利引证：分析该专利的引用和被引用情况
	技术成熟度	专利技术对于项目目标的技术实现程度，按照国家标准 GB/T 22900—2009《科学技术研究项目评价通则》，技术实现程度分为方案级、功能级、产品级、产业级等等级进行分析评价
	技术独立性	在当前进行评估的时间点上，分析专利技术是否可以独立、自由实施、是否依赖于他人在先专利的许可以及配套条件的成熟
	技术可替代性	在评价日，分析是否存在与目标专利技术解决相同技术问题达到基本等同的技术效果的现有技术
	技术应用前景与广度	专利技术的相关产品实施与市场应用范围的判定；通过技术生命周期、专利分布号、专家预判等来判断本专利技术的应用前景及广度

2）法律价值维度的分析评价方法。从本专利保护强度、不可规避性、侵权可判定性三个方面对专利法律价值进行分析评价。法律价值维度的分析评价方法见表4-5。

表4-5　　　　　　　　　　法律价值维度的评价方法

	评价项	评价方法
法律价值维度	保护强度	从权利要求的时间保护范围、地域保护范围、权利保护范围对本专利的保护强度进行分析评价
	不可规避性	分析本专利是否容易被他人进行规避设计，从而在不侵犯专利权的情况下仍然能够达到与本专利相类似的技术效果
	侵权可判定性	分析本专利侵权行为是否容易判定，是否容易取证，从而利于行使诉讼的权利

3）市场价值维度的分析评价方法。从市场当前应用情况、政策环境两个方面对专利市场价值进行分析评价（市场价值维度的分析评价方法见表4-6）。分析专利组

合中哪些是较差的价值维度，并针对性地补强（见表4-7）。

表 4-6 　　　　　　　　　　市场价值维度的评价方法

市场价值维度	评价项	评价方法
	市场当前应用情况	产品的自实施或市场规模情况
	政策环境	对于目标专利的所述行业或领域,国家和地方给予政策倾斜或支持的情况

表 4-7 　　　　　　　　基于不同价值维度的专利组合补强方法

专利价值维度		高价值专利组合补强方案
技术价值	专利产品覆盖度	产品系统构成专利补强
	技术成熟度	互补性专利补强
	技术独立性	基础性专利补强
	技术可替代性	竞争性专利补强
	技术应用前景与广度	不同技术应用场景专利补强
法律价值	保护强度	保护层级、地域补强； 互补性和延伸性专利补强
	不可规避性	专利规避设计补强； 替代性专利补强
市场价值	市场应用情况	市场价值高专利补强

　　（2）管理维护。随着已构建专利组合中新专利申请的增加，专利法律状态的变化，以及受技术发展和市场需求变化影响导致专利价值度的变化等，已构建专利组合需要开展管理维护工作，具体包括但不限于：监控专利组合技术领域新专利申请的情况，及时将相关专利申请纳入专利组合；定期更新专利组合技术中专利法律状态，剔除专利组合中无效的专利；定期开展组合中已授权专利的价值评估工作，增加或者修订组合中已授权专利的重要度等，这些都属于专利组合维护管理的基础工作。为提升专利组合的实际运用价值，还应围绕技术的演进、产品的更新换代、产品市场占有率、市场竞争状况等综合分析结果，及时补充、调整专利组合，保证专利组合保持持续的"活力"和"战斗力"。

5 专利管理

5.1 专 利 预 警

5.1.1 专利预警定义

专利预警是指通过收集与分析本行业技术领域及相关技术领域的专利信息和国内外市场信息，了解竞争对手在做什么，把可能发生专利纠纷的前兆及可能产生的危害、建议采取的对策措施及时告知相关政府部门、行业组织及业内企业；同时发布专利权被侵害的信息，建议行业组织和业内企业采取应对措施的机制。

简单来说，就是通过收集分析相关领域行业专利信息，了解竞争对手在做什么，同时对于可能发生的专利纠纷等危害做出应对措施。

专利预警分析便于对技术发展趋势、申请人状况、专利保护地域等专利战略要素进行定性、定量分析，使企业对所在行业领域内的各种发展趋势、竞争态势有一个综合了解，更加全面、有效地利用专利制定风险防控战略。

专利预警可以分为研发立项预警、专利保护预警和专利经营预警三大类。研发立项预警是指企业在研发立项时，对研发过程中可能存在的潜在风险进行识别，并预测专利风险产生的概率，探究技术研发风险规避的措施，以确保研发顺利开展。专利保护预警主要体现在申请与权利维护的过程中，专利申请主要包括专利撰写、专利提交、专利审查、专利公开、专利授权等环节，一定要注意这个过程中存在的专利风险；专利维护主要是指专利侵权诉讼和专利无效诉讼，既包括其他企业对本企业提出的专利侵权诉讼和专利无效诉讼，也包括本企业对其他企业提出的专利侵权诉讼和专利无效诉讼。专利经营预警是指在专利许可、转让的过程中对专利进行定价和确权，由于专利与其他商品不一样，其经济价值是动态变化的，且与市场的变化紧密相关，因而在专利定价的过程中需要注意潜在的风险。另外，在专利确权的过程中存在权属瑕疵风险，因此，在专利运营中需要进行专利预警，减少交易过程中出现的经济和法律纠纷。

5.1.2 专利预警步骤

专利预警的初始就是收集专利信息，然后对收集的专利信息进行整理、统计、分析，最后对可能存在的风险进行预测。可以说，专利信息分析是专利预警过程最重要的环节，对潜在风险识别和控制具有至关重要的作用。专利预警的步骤具体如图 5-1 所示。

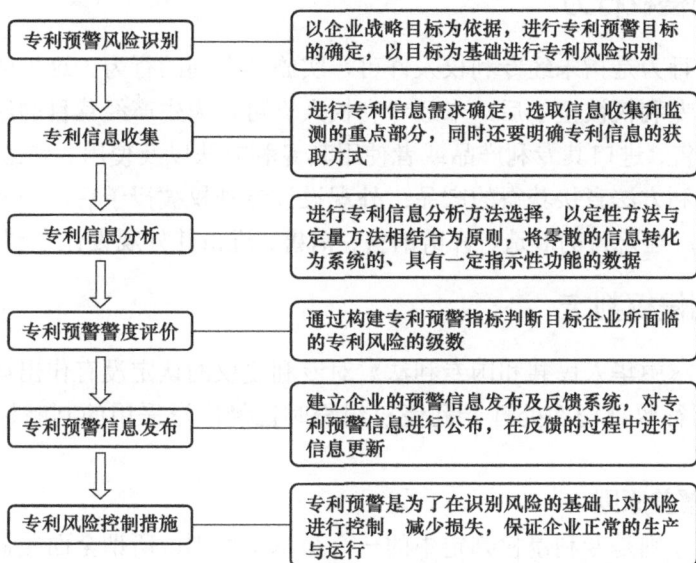

专利预警风险识别	以企业战略目标为依据，进行专利预警目标的确定，以目标为基础进行专利风险识别
专利信息收集	进行专利信息需求确定，选取信息收集和监测的重点部分，同时还要明确专利信息的获取方式
专利信息分析	进行专利信息分析方法选择，以定性方法与定量方法相结合为原则，将零散的信息转化为系统的、具有一定指示性功能的数据
专利预警警度评价	通过构建专利预警指标判断目标企业所面临的专利风险的级数
专利预警信息发布	建立企业的预警信息发布及反馈系统，对专利预警信息进行公布，在反馈的过程中进行信息更新
专利风险控制措施	专利预警是为了在识别风险的基础上对风险进行控制，减少损失，保证企业正常的生产与运行

图 5-1 专利预警的步骤

5.1.3 专利预警与专利分析的关系

专利信息分析与企业专利预警的关系如下：

（1）专利信息分析是企业专利预警的基础。专利信息是一种重要的科技信息，包含技术、经济和法律知识，是企业专利预警分析的数据来源。因此，可以说专利信息分析是专利预警的前提和基础，没有专利信息分析就无法制定出合理的企业专利预警制度，也就无法开展专利预警分析。

（2）专利信息分析和企业专利预警机制是缺一不可且相辅相成的。首先，企业只有通过对专利信息进行深入全面的分析，才能预测技术创新的方向，并且预估技术未来可能在哪些领域应用，这样才能更好地做好专利预警分析，从而为企业的研发决策提供参考依据；其次，企业通过构建专利预警分析制度，充分发掘专利信息中包含的各种技术信息和经济信息，才能对专利信息分析更精准，不会浪费对专利信息分析的投入。

5.2 专 利 侵 权

5.2.1 专利侵权行为

专利侵权行为是指未经专利权人许可，实施其专利的行为。这里的实施是指发明和实用新型专利权被授予后，未经专利权人许可，为生产经营目的制造、使用、许诺销售、销售、进口其专利产品或者使用其专利方法以及使用、许诺销售、销售、进口依照该专利方法直接获得的产品；外观设计专利权被授予后，任何未经专利权人许可，以生产经营目的制造、许诺销售、销售、进口其外观设计专利产品的行为。

5.2.2 专利侵权判定

我国现行《中华人民共和国专利法》对专利侵权的认定没有作出详细规定。各级法院和专利行政部门在处理专利侵权纠纷时已经广泛采用的判断标准有以下几种。

1. 全面覆盖原则

全面覆盖原则是专利侵权判定中的一个最基本原则，所谓全面覆盖原则，是指如果侵权物或者方法侵权成立，那么该产品或者方法应该具备专利权利要求中所描述的每一项特征，缺一不可。包括以下几种情况：

（1）字面侵权，即从字面上分析比较就可以认定侵权物的技术特征与专利的必要特征相同，连技术特征的文字表述均相同。

（2）侵权物的技术特征与专利必要技术特征完全相同，所谓完全相同，是指侵权物的技术特征与专利的技术特征相比，其专利权利要求书要求保护的全部必要技术特征均被侵权物的技术特征所覆盖，在侵权物中可以找到每一个专利的必要技术特征。

（3）专利独立权利要求中技术特征使用的是上述概念，侵权物中出现的技术特征则是上述概念下的具体概念，亦属于技术特征相同。

（4）侵权物的技术特征多于专利的必要技术特征，也就是说侵权物的技术特征与权利要求相比，不仅包含了专利权利要求的全部特征，而且还增加了特征。

2. 等同原则

等同原则认为，将被控侵权的技术构成与专利权利要求书记载的相应技术特征进行比较，如果所属技术领域的普通技术人员在研究了专利权人的专利说明书和权利要求后，不经过创造性的智力劳动就能够联想到的，诸如采用部件移位、等同替换、分解或合并等替换手段实现专利的发明目的和积极效果的，并且与专利技术相比，在目的、功能、效果上相同或者基本相同，则应当认定侵权成立。

3. 禁止反悔原则

禁止反悔原则，是指一方当事人因自己的某些行为而不能主张某些权利，以损害他方利益。在专利领域，如果说等同原则可能扩张了专利权人的利益，那么，禁止反悔原则是对等同原则的某种合理限制（但并非否定等同原则），从而有利于社会公众的利益。

禁止反悔原则是指在专利审批、撤销或无效宣告程序中，专利权人如果为确立其专利的新颖性和创造性，通过书面声明或者文件修改，限制或者部分地放弃了权利要求的保护范围，并因此获得了专利授权，那么在专利侵权程序中，法院适用等同原则确定保护范围时，禁止将其已被限制排除或者已经放弃的内容重新纳入专利保护范围。

5.2.3　Claim Chart 分析

在专利分析时，经常会提到权利要求对照表（Claim Chart），所谓 Claim Chart 实际上就是专利分析表格。用专利分析表格来进行对比分析，是较为准确和有效的方法，也是非常客观的方法。

Claim Chart 一般是至少包括三列、多行的表格，第一列填写权利要求的特征，第二列填写对比技术的相应部分，第三列进行分析，是相同还是不相同，或者是无此技术特征；当然还可以加一列写结论，当分析列的所有行均为相同时，则结论为侵权，否则不侵权。权利要求对照如表 5-1 所示。

表 5-1　　　　　　　　　　　　　　**权 利 要 求 对 照 表**

权利要求的特征	对比技术（指对比产品等）	分析	结论
A	A′	相同	
B	B′	不相同	不侵权
C	C′	实质相同	

在权利要求比对分析过程中，要注意以下问题：

（1）在专利分析中，判定是否侵权的唯一依据应该是权利要求书，不能根据说明书中记载的具体技术方案来判断；另外，说明书记载的技术方案是非常具体的一种或两种实施方式，而权利要求书是用概括的语言写成的技术方案，其包括的范围较广，一般来说，除了包括说明书中记载的实施方式以外，还包括很多说明书中没有记载的其他具体实施方式，所以不能简单地认为具体实现不同就不侵权。

（2）权利要求书的每一项权利要求都是一个完整的技术方案，比如一个完整的产品或系统、一个完整的方法等。所以在进行专利分析时，只能以单独的一项权利要求与对比技术进行分析，而不能将多项权利要求结合起来分析。表 5-1 中的权利要求的特征 A、B、C 是指一项权利要求中的组成部分，而不是指多项权利要求。

（3）如果该件专利只有一项独立权利要求，当通过权利要求比对分析，对第一个权利要求（权利要求 1）不侵权，则可以认定该技术不侵犯该专利的专利权；当该件专利含有多项独立权利要求，还需要分析该技术与其他独立权利要求，如果所有的独立权利要求都没有侵犯，则该技术不会侵犯该件专利的专利权。

（4）如果技术的实现方式与专利独立权利要求一致，这时候还要考虑两个方面的问题：其一，地域性，即要考虑专利申请的国家范围与使用该专利技术制造或销售该专利产品的国家范围是否一致，比如在中国制造销售使用不会侵犯一件美国专利；其二，专利的有效性，比如该专利是否专利权已届满、专利权人是否撤回了该专利，或者该专利是否因没有缴费等原因而失效等。

5.2.4 专利侵权法律责任

根据有关法律的规定，专利侵权行为人应当承担的法律责任包括民事责任、行政责任与刑事责任。

1. 行政责任

对专利侵权行为，管理专利工作的部门有权责令侵权行为人停止侵权行为、责令改正、罚款等，管理专利工作的部门应当事人的请求，还可以就侵犯专利权的赔偿数额进行调解。

2. 民事责任

（1）停止侵权，是指专利侵权行为人应当根据管理专利工作的部门的处理决定或者人民法院的裁判，立即停止正在实施的专利侵权行为。

（2）赔偿损失。侵犯专利权的赔偿数额，按照专利权人因被侵权所受到的损失或者侵权人获得的利益确定；被侵权人所受到的损失或侵权人获得的利益难以确定的，可以参照该专利许可使用费的倍数合理确定。

（3）消除影响。在侵权行为人实施侵权行为给专利产品在市场上的商誉造成损害时，侵权行为人就应当采用适当的方式承担消除影响的法律责任，承认自己的侵权行为，以达到消除对专利产品造成的不良影响。

《中华人民共和国民法典》第八百七十三条规定："被许可人未按照约定支付使用费的，应当补交使用费并按照约定支付违约金；不补交使用费或者支付违约金的，应当停止实施专利或者使用技术秘密，交还技术资料，承担违约责任；实施专利或者使用技术秘密超越约定的范围的，未经许可人同意擅自许可第三人实施该专利或者使用该技术秘密的，应当停止违约行为，承担违约责任；违反约定的保密义务的，应当承担违约责任。"

3．刑事责任

依照专利法和刑法的规定，假冒他人专利，情节严重的，应对直接责任人员追究刑事责任。

5.3　专利保护与运营

自专利被授权之日起，专利权人就获得了实施该专利的专有排他权，专利权人在一定期限内独自在市场占有垄断性支配权，根据专利运营形式的不同，可以分为专利诉讼、专利许可、转让、专利质押融资等多种形式。

5.3.1　专利权的保护

《中华人民共和国专利法》第六十五条规定："未经专利权人许可，实施其专利，即侵犯其专利权，引起纠纷的，由当事人协商解决；不愿协商或者协商不成的，专利权人或者利害关系人可以向人民法院起诉，也可以请求管理专利工作的部门处理。管理专利工作的部门处理时，认定侵权行为成立的，可以责令侵权人立即停止侵权行为，当事人不服的，可以自收到处理通知之日起十五日内依照《中华人民共和国行政诉讼法》向人民法院起诉；侵权人期满不起诉又不停止侵权行为的，管理专利工作的部门可以申请人民法院强制执行。进行处理的管理专利工作的部门应当事人的请求，可以就侵犯专利权的赔偿数额进行调解；调解不成的，当事人可以依照《中华人民共和国民事诉讼法》向人民法院起诉。"

《中华人民共和国专利法》第七十条规定："国务院专利行政部门可以应专利权人或者利害关系人的请求处理在全国有重大影响的专利侵权纠纷。地方人民政府管理专利工作的部门应专利权人或者利害关系人请求处理专利侵权纠纷，对在本行政区域内侵犯其同一专利权的案件可以合并处理；对跨区域侵犯其同一专利权的案件可以请求上级地方人民政府管理专利工作的部门处理。"

《中华人民共和国专利法》第七十一条规定："侵犯专利权的赔偿数额按照权利人因被侵权所受到的实际损失或者侵权人因侵权所获得的利益确定；权利人的损失或者侵权人获得的利益难以确定的，参照该专利许可使用费的倍数合理确定。对故意侵犯专利权，情节严重的，可以在按照上述方法确定数额的一倍以上五倍以下确定赔偿数额。权利人的损失、侵权人获得的利益和专利许可使用费均难以确定的，人民法院可以根据专利权的类型、侵权行为的性质和情节等因素，确定给予三万元以上五百万元以下的赔偿。

赔偿数额还应当包括权利人为制止侵权行为所支付的合理开支。

人民法院为确定赔偿数额，在权利人已经尽力举证，而与侵权行为相关的账簿、资料主要由侵权人掌握的情况下，可以责令侵权人提供与侵权行为相关的账簿、资料；侵权人不提供或者提供虚假的账簿、资料的，人民法院可以参考权利人的主张和提供的证据判定赔偿数额。"

5.3.2　专利侵权诉讼时效

《中华人民共和国专利法》第七十四条规定："侵犯专利权的诉讼时效为三年，自专利权人或者利害关系人知道或者应当知道侵权行为以及侵权人之日起计算。发明专利申请公布后至专利权授予前使用该发明未支付适当使用费的，专利权人要求支付使用费的诉讼时效为三年，自专利权人知道或者应当知道他人使用其发明之日起计算，但是，专利权人于专利权授予之日前即已知道或者应当知道的，自专利权授予之日起计算。"

5.3.3　专利侵权纠纷应对

针对专利侵权纠纷的应对方法主要包括以下几种：

1. 专利权无效抗辩

根据《中华人民共和国专利法》规定，自国务院专利行政部门公告授予专利权之日起，任何单位或者个人认为该专利权的授予不符合本法有关规定的，可以请求专利复审委员会宣告该专利权无效，宣告无效的专利视为自始即不存在。

宣告无效对无效请求人而言，有两种可接受的结果。

一种是宣告专利权的所有权利要求全部无效，而宣告所有权利要求全部无效之后，自然专利侵权的风险就全部被规避了。

另一种可以被接受的结果就是部分无效。因为一项专利的话很有可能由多个权利要求组成，而产品只落入了其中的一个权利要求中，所以在请求宣告对方专利无效的过程当中，如果不能够将对方的专利全部无效掉，可以通过无效程序迫使对方将专利的保护范围缩小，从而使得公司的产品不落入对方的专利保护范围中，也可以解除专利侵权的风险。

2. 现有技术抗辩

《中华人民共和国专利法》规定，在专利侵权纠纷中，被控侵权人有证据证明其实施的技术或者设计属于现有技术或者现有设计的，不构成侵犯专利权。而专利法所称的现有技术，是指申请日以前在国内外为公众所知的技术。被控侵权人无需证明专利权人的技术或设计是现有技术或者现有设计，而只需证明被诉落入专利权保护范围的全部技术特征与一项现有技术方案中相应的技术特征相同或者无实质性差异即应当认定被诉侵权人实施的技术属于现有技术。

3. 主张先用权

根据《中华人民共和国专利法》的规定，在专利申请日前已经制造相同产品、使用相同方法或者已经做好制造、使用的必要准备，并且在原有范围内继续制造使用的行为，不视为侵犯专利权，这样规定的原因在于，中国专利制度采取"先申请原则"，而不是"先发明原则"或"先使用原则"，因此，在专利权人提出专利申请之前，可能有人已经研究开发出同样的发明创造，并且已经开始实施或准备实施，这样的人被称为"先用者"。在这种情况下，如果在专利权授予后禁止先用者继续实施发明创造，显然有失公平。因此，《中华人民共和国专利法》规定上述在先使用行为产生先用权，可以对抗专利权。

关于先用权，还需要注意：先用权必须限于原有的范围之内，超出这一范围的制造、使用行为，构成侵犯专利权。所谓"原有的范围"，一般是指专利申请日前所准备的专用生产设备的生产能力的范围。先用权的转移是受限制的，它只能随同原企业或实施该专利的原企业的一部分一起转移，而不能单独转移。如果在先的制造、使用已构成专利法意义上的公开，则优选宣告专利权无效而不是主张先用权抗辩。

在行使先用权抗辩时，需要注意以下几点：

（1）时间条件。必须证明申请人提出专利申请以前，被控侵权人已经制造相同的产品、使用相同的方法或者已经做好制造、使用的必要准备。

（2）独立性。制造或者使用的技术是先用权人自己独立完成的，而不是抄袭、窃取专利权人的。

（3）实施限度。先用权的制造或使用行为，只限于原有的范围和规模之内，即制造目的、使用范围、产品数量都不得超出原有的范围。

4. 诉讼时效抗辩

据《中华人民共和国专利法》的规定，侵犯专利权的诉讼时效为三年，自专利权人或者利害关系人知道或者应当知道侵权行为以及侵权人之日起计算。

发明专利申请公布后至专利权授予前使用该发明未支付适当使用费的，专利权人要求支付使用费的诉讼时效为三年，自专利权人知道或者应当知道他人使用其发明之日起计算，但是，专利权人于专利权授予之日前即已知道或者应当知道的，自专利权授予之日起计算。其中，"得知"指权利人发现侵权行为的确切事实，包括侵权行为人和侵权行为，两者缺一不可，否则权利人将无法提出侵权诉讼，例如，利权人发现某企业未经许可正在生产专利产品；"应当得知"是指按照案件的具体情况，权利人作为一般人应当知道侵权行为存在；"应当知道"是人民法院处理案件时的推定，要以一定事实为基础，依据该事实，如果一般人都能够知道，则可以推定权利人也应该知道，例如，侵权产品已经在市场上大规模地销售，或者侵权人利用媒体为侵权产品做了广泛宣传，都可以认定权利人应当得知侵权行为发生，如果自侵权人实施侵权行为终了之日起超过三年，专利权人将失去胜诉权。

需要指出的是，专利权与传统民法上的物权一样，是绝对权。对于停止侵权行为这种具有"物上请求权"性质的请求，不受诉讼时效的限制。而损害赔偿请求这种具有债权性质的请求，则要受诉讼时效的限制。因此，被告基于连续并正在实施的专利侵权行为已超过诉讼时效进行抗辩的，人民法院可以根据原告的请求判令被控侵权人停止侵权。

实践中，"知道"或者"应当知道"的确定，关系到诉讼时效的起算，常常成为当事人争议的焦点问题。司法实践中，对于当事人"知道"或"应当知道"的判断主要依赖于证据体现的案件事实具体分析。与"得知"这一标准相比，"应当知道"的确定在一定情况下体现了法官的内心确认和自由裁量权。"应当知道"其实是一种法律上的推定，不论权利人实际是否知道自己的权利受到损害，只要客观上存在使其知道的条件和可能，因权利人主观上的过错、本应知道而没有知道的，也视为"应当知道"。

5. 规避设计

企业被诉侵权或产品发布之前通过防侵权检索发现有高风险的专利存在，那么可能就要作出规避设计。从字面来理解，规避设计就是绕远道而行的设计，是技术创新过程中一种常见的技术开发策略，通过设计一种不同于受专利保护的新方案，来规避该项专利。

规避设计可以减少产品设计当中与专利权相同的一些技术特征或者替换一些技术特征来规避专利权。但企业也要明白，"规避设计"并非灵丹妙药，采用规避设计本身就意味着他人在该项技术领域已有专利权，自身已处于不利态势。因此，企业在产品上市前不仅需要进行防侵权检索，还要注重自主专利权的创造与积累。企业应该明白，自主专利权的创造与积累，才是企业专利经营与专利战略中的根本，才可以在市场竞争中占据有利局面，变被动为主动。

5.3.4 专利许可、转让

专利权许可是专利权人依专利许可合同允许他人实施其专利，获得权益的制度。专利权许可有如下几种：

（1）一般许可。专利权人许可他方在规定的时间、地域内享有对专利的使用权后，自己仍保留实施该专利的权利，同时还有权在同一地域内就同样专利再许可任何第三方使用。

（2）排他许可。专利权人许可他方在规定的时间、地域内享有对专利的使用权后，除专利权人可保留这方面权利外，不得再将同一许可证发放给任何第三人。

（3）独占许可。专利权人许可他方在规定的时间、地域内享有对专利的使用权后，不仅无权向第三人发放该专利的许可证，而且自己也不得在合同期限内使用该专利。

（4）分许可。专利权人许可他方在规定的时间、地域内使用该专利的同时，又允许被许可方将该专利许可给第三人使用。

（5）交叉许可。两个专利权人均允许对方在一定的时间、地域内实施自己的专利，或允许对方将自己的专利许可给任何第三人使用。

专利转让可分为专利申请权转让和专利所有权转让。专利申请权转让是指专利申请权人将其拥有的专利申请权转让给他人的一种法律行为。专利所有权转让是指专利权人将其拥有的专利权转让给他人的一种法律行为。

在专利转让中，专利申请权人或专利权人为转让方，获得专利申请权或专利权的为受让方，转让方与受让方之间应当签订书面合同，并在国务院专利行政部门进行登记。通过转让合同取得专利申请权或专利权的合同当事人，即成为新的专利申请权人或专利权人，可以行使自身的专利申请权或专利权。

5.3.5 专利权质押融资

实践中，专利质押融资主要存在三种融资模式：一是"金融机构＋担保公司"市场直接融资形式，政府主要起到引导作用并为中小型科技企业提供资金补助；二是应用更加广泛的"金融机构＋政府担保"间接融资模式，是由政府提供质押融资担保；三是"金融机构＋政府担保＋担保公司"混合型融资模式。专利质押融资是目前中小微企业将专利转化为资本的一种重要渠道和发展方向。

专利权质押融资，需要进行专利权质押登记。

申请专利权质押登记的，当事人应当向国家知识产权局提交下列文件：

（1）出质人和质权人共同签字或者盖章的专利权质押登记申请表；

（2）专利权质押合同；

（3）双方当事人的身份证明；

（4）委托代理的，注明委托权限的委托书；

（5）其他需要提供的材料。

专利权经过资产评估的，当事人还应当提交资产评估报告。

除身份证明外，当事人提交的其他各种文件应当使用中文。身份证明是外文的，当事人应当附送中文译文；未附送的，视为未提交。

对于（1）、（2）规定的文件，当事人可以提交电子扫描件。

当事人提交的专利权质押合同应当包括以下与质押登记相关的内容：

（1）当事人的姓名或者名称、地址；

（2）被担保债权的种类和数额；

（3）债务人履行债务的期限；

（4）专利权项数以及每项专利权的名称、专利号、申请日、授权公告日；

（5）质押担保的范围。

5.4 专利风险管理

5.4.1 专利侵权风险的评估

专利侵权风险评估从广义上讲，是企业在进入某个特定技术领域之前，对目前此技术领域内的专利申请情况，了解目前专利申请技术密集程度及核心专利的持有者，产品对专利技术的依赖程度等进行评估，大致评估进入此行业的专利侵权风险。

从狭义上讲，专利侵权风险评估是针对特定的产品，在具体的产品在研发、生产、销售过程中，根据企业需要有针对性地对相关专利进行调研，锁定可能关联的专利，并评价自有产品的专利侵权风险评估。

通常，进行专利侵权风险评估的时间如下：

1. 产品研发、生产及后续产品开发过程

在企业进行研发、生产一个新产品时，在调研技术研发的研究现状时，也要对该技术领域内的专利信息进行调研，分析该技术领域内的专利申请情况、专利申请创新点、主要专利的持有者进行调研，找出和企业自由研发生产的产品关联度较大的专利，评估企业自有研发、生产的产品侵犯他人专利权的可能性，避免盲目地研发生产。

2. 产品上市推广前

随着世界经济一体化的进程，每个国家在对外开放的同时也保护本土企业的利益，各个国家的专利法也成为本土的企业对抗外来企业的利器。因此，企业在自有产品上市之前，需要在产品上市的区域，调研当地此类产品的专利申请情况，评估企业自有产品侵犯当地专利权人的专利权的风险，避免销售侵权产品，招惹侵权官司和对公司造成的经济损失。

3. 企业采购前

一般来说，大部分企业需要采购产品的部分零部件，而在采购零部件的同时，需要对采购的零部件进行调研，调研生产该零件的企业是否针对该零件有相应的专利进行保护，如没有专利保护，调研该零件技术领域内的专利申请情况，评估该零件侵犯他人专利权的可能性，避免因采购侵犯他人专利权的零件而给公司带来侵犯他人专利权的间接侵权责任。

5.4.2 研发活动风险管控

研发活动的风险管控包括但不限于如下几个方面：

1. 人员知识产权背景调查

在现实场景中会因人员和技术来源于同业公司，而被质疑存在纠纷风险。要避免这些风险的出现，就需要在引进核心人员，尤其是核心技术人员、带有相关技术成果的人员时，对其知识产权背景进行充分调查，如是否签订有竞业禁止协议、保密协议及所携带技术成果的权利归属情况等。

2. 立项检索与跟踪检索

（1）研发立项前。建立技术研究开发立项前的可行性分析和国内外专利检索机制，弄清拟研究开发项目的现有技术国内外专利状况，规避重复研发。

（2）研发过程中。技术研究开发过程中对研发项目的国内外技术进展、专利（申请）状况进行定期检索，规避重复研发、避免侵权风险，为规避设计提供支撑。

3. 规避设计

为规避专利保护范围来修改现有方案的设计，避免触犯他人权利。

通常回避设计的方法可以包括：

（1）至少减少一个该专利权利要求中的"必要技术特征"；

（2）至少替换一个该专利权利要求中的"必要技术特征"；

（3）利用禁止反悔原则，借助专利审查历史文件进行回避设计；

（4）利用捐献原则，借助专利文件中的具体实施例进行回避设计；

（5）利用现有技术，借助失效或过期的专利、公开的文献等内容进行回避设计。

5.4.3 合作开发与委托开发风险管控

对于技术合作开发、委托开发，需要企业重点关注的是合作、委托开发过程中所产生的知识产权问题，即合作、委托开发中产生的专利及技术秘密等知识产权成果归属问题。

《中华人民共和国专利法》第八条规定："两个以上单位或者个人合作完成的发明创造、一个单位或者个人接受其他单位或者个人委托所完成的发明创造，除另有协议的以外，申请专利的权利属于完成或者共同完成的单位或者个人；申请被批准后，申请的单位或者个人为专利权人。"

为了规避合作开发和委托开发中的知识产权风险，应该在委托开发合同或合作开发合同中，明确约定双方负有保密义务。包括：技术秘密的保密条款，其他相关技术秘密的保密，经营、管理、购销方面的商业秘密，泄密的违约责任，违约金等。同时，对开发成果的所有权、专利申请权、使用权、转让权、利益的分配办法也应作出明确的约定。

5.4.4　采购环节风险管控

1. 采购环节风险

（1）采购环节中没有对供应商提供的产品技术进行知识产权评价，造成对他人知识产权的侵权；

（2）委托他人制造时未明确规定知识产权归属及保密协议，可能构成专利陷阱；

（3）对于上游或下游单位未进行知识产权归属的明确划分，可能造成企业知识产权被侵权。

2. 采购环节风险应对

（1）要求供货方提供产品知识产权权属证明及不侵权证明文件（专利证书、登记簿副本、证明文件等）；

（2）对采购产品的知识产权进行监管，采购合同中要明确知识产权条款，明确双方知识产权权利义务，必要时开展采购产品知识产权侵权调查及分析；

（3）委托加工的，合同中需对知识产权的归属进行明确的规定，签订保密协议等具有法律效力的条约。

5.5　专利成果转化

专利价值是指专利预期可以给其所有者或使用者带来的利益在现实市场条件下的表现。专利的成果转化就是体现专利价值的重要环节。专利的使用本质上是一种商业手段，只有专利权人积极地使用专利，将专利成果积极转化，才能发挥专利的最大价值，为企业创造利润。在企业通过专利创造利润之后，才能更加积极地进行知识产权保护，从而形成正向的专利保护循环。

5.5.1　专利申请与技术标准结合

对于企业来说，专利技术是技术标准的基础，技术标准在很大的程度上也制约着专利。如果说一项专利影响只是一个企业，那么一项技术标准影响的是整个行业。只有将企业的专利融入技术标准中，才能更好地体现和实现企业专利价值。对于国家来说，一个国家只有拥有足够的具有自主知识产权的技术标准，才能拥有核心竞争力和在国际上称雄的资本，这说明技术标准在市场竞争中具有战略意义。进入二十一世纪以来，我国高新技术企业都有强烈的知识产权创造、运用和保护的意识，把大量的技术研发成果申报成为专利，一个企业拥有几百项、上千项甚至几千项的专利现象并不鲜见，但将专利技术融入标准中还不是很普遍。今后，标准的内容将由原来的只是普通技术规范向包容一定的专利技术方向发展，这已成为标准发展方向。

【案例 5-1】移动通信领域的"高通税"。

高通公司（Qualcomm，简称高通）的商业策略充分利用了技术标准与专利相结合的威力，与其市场优势地位相结合，获得了巨额收益。高通初创于 1985 年，总部设于美国加利福尼亚州，已经成长为业务遍及全球的大型跨国公司，位列美国 500 强。高通作为移动通信技术的主要奠基者之一，推出了无线数据通信码分多址（CDMA）技术，深刻影响了全球移动通信技术的发展和格局，成功实践了以标准必要专利为赢利支柱的商业模式，是蜂窝移动通信（Cellular communication）3G、4G 时代的无冕之王，在 5G 时代仍居于举足轻重地位。

高通技术许可（Qualcomm technology licensing，QTL）是高通负责专利许可的事业部，QTL 将持有的专利分为蜂窝标准必要专利、非蜂窝标准必要专利、非标准必要专利三类加以运营，持续申请大量发明专利。

蜂窝移动通信技术的应用极度依赖通信技术标准，如此方可实现大通信系统下的互联互通。相应的移动通信标准是约束力极强的强制性标准。蜂窝移动通信技术的实现和发展非常依赖 LTE（long term evolution，长期演进）技术体系。蜂窝移动通信所依赖的核心技术还包括调制解调技术等。高通在这些领域拥有极强的专利组合，其中包括大量标准必要专利。高通专利所针对的技术，主要体现在支持蜂窝移动通信实现的芯片上。

高通将标准必要专利与非标准必要专利捆绑在一起对外许可，以便取得更高的收益。从高通公布的 2021 年第一季度的财报看，高通该季度营收 79.35 亿美元，同比增长了 52%，这一数字可以说是营收大涨。进入 2021 年后，高通的芯片销量应该比 2020 年同期增长了不少。2021 年第一季度，高通净利润为 17.62 亿美元，同比增长了 276%。可以看到，净利润率的增长幅度是营收增长的 5 倍多。营收主要是由芯片销售和专利授权两大部分组成，其中专利授权贡献了 16.96 亿美元。

5.5.2　通过转让、许可实现专利价值

专利转让和专利许可是常见的专利交易方式。专利转让是指专利权人作为转让方，将其发明创造专利的所有权转移给受让方，受让方支付费用；专利许可是指专利权人许可他人在一定期限、一定地区、以一定方式实施其所拥有的专利，并向他人收取使用费用。

【案例 5-2】即时通信领域基本专利的转让。

深圳市腾讯计算机系统有限公司（简称腾讯）是中国最大的互联网综合服务提供商之一。在实时网络通信方面，腾讯先后推出了 QQ、腾讯 TM、微信等软件，其

中微信是腾讯通过转让方式从赵建文手中获取基础专利的，已经成为人们重要的日常通信工具。

一直关注移动平台实时通信软件的个体发明人赵建文设计出一种借助手机通信录实现即时通信的技术后，于 2006 年 9 月向国家知识产权局提交了专利申请（申请号为 200610116632.x，发明名称为"一种基于或囊括手机电话本的即时通信方法和系统"），并于 2011 年 5 月 18 日获得授权。赵建文本人认为，该专利至少在 5 个方面具有前瞻性：①注册进程采用短信验证码；②利用通讯录进行联系人匹配；③显示联系人状况；④依据 2.5G 以上的 IP 音讯发送并有多媒体音讯扩展性；⑤能够设置和共享特定信息，包含昵称、个人主页等。在发明这一即时通信方法后，赵建文多方寻求资金支持，希望推出即时通信产品，但未能如愿。在这种情况下，赵建文先是将该专利许可给腾讯，之后于 2012 年 4 月将该专利转让给腾讯。从技术上看，该专利是 WhatsApp、微信等类似聊天应用的基础性专利。在这些类似的通信软件中，美国的 WhatsApp 于 2009 年 2 月上线，微信于 2011 年 1 月上线。此后，即时通信软件迅速普及，在拥有大量用户的同时，为商家带来了巨额利润，2014 年 2 月，脸书（Facebook）公司宣布，将以 190 亿美元现金加股票方式收购 WhatsApp，创下了互联网领域并购的天价纪录。

5.5.3　专利作为无形资产的价值体现

专利作为一种无形资产本身就具有一定的价值，可作技术出资对注册资本进行注资，最多可占注册资本比例的 70%，还可以质押贷款、吸引投资，专利能够体现一个技术项目的科技含量、新颖性、成长性等，增强投资者对项目的信心。

【案例 5-3】格林美新材料专利质押融资。

荆门格林美新材料有限公司（简称格林美）成立于 2003 年 12 月，是世界上采用再生钴镍资源直接生产超细钴镍粉体的代表性企业，是中国规模较大的采用再生钴铼资源直接生产超细钴镍粉体的企业，在再生钴镍资源的循环利用领域具有国际先进水平。

在格林美发展过程中，遇到了一些资金上的阻力，但格林美通过以自有技术专利换取融资贷款这一金融手段筹措了大量资金，使得企业实现了跨越发展。2007 年，为了缓解资金紧张的局面，在湖北省知识产权局的协助下，格林美与国家开发银行湖北分行签订协议，通过出质"硒的回收""镍粉的制造方法"等 6 件专利获得 3021 万元贷款。2007 年年底，格林美再次与国家开发银行湖北分行达成协议，获得 4000 万元的专利质押贷款。2008 年，格林美第三次获得国家开发银行湖北分行 2900 万元的专利质押融资。2012 年 8 月 8 日，格林美用 39 项专利，又一次与国家开发银行湖北分行达成 3 亿元质押贷款协议，创下当时全国单个企业、单次获得专利权质押贷款协议最高金额的纪录，堪称将"知本"转化成"资本"的典范。

在专利直接质押融资模式的支持下，格林美实现了跨越式发展，其注册资本 5 年时间增长了 90 倍，总资产增长了 23 倍，销售收入增长了 10 倍。其母公司深圳格林美高新技术股份有限公司于 2010 年 1 月在深交所中小企业板块上市,成为国内循环经济与低碳制造的领军企业。

【**案例 5-4**】武汉工程大学陶瓷膜科研团队的专利入股。

武汉工程大学陶瓷膜科研团队的 8 名中青年教师还有另外一种身份——湖北迪洁膜科技有限责任公司股东，共持有 50.4%股份。湖北迪洁膜科技有限责任公司作为国内少有的拥有完全自主知识产权的碳化硅陶瓷生产技术企业，注册资本金 3800 万元，率先在全国实现碳化硅陶瓷膜量产。武汉工程大学陶瓷膜科研团队研发的专利组合（8 项专利），作价 2128 万元入股湖北迪洁膜科技有限责任公司。该项目三年多的时间内，共接纳了数十名研究生参与科研。武汉工程大学材料科学与工程学院研究生吴庭毕业后选择留下，直接与湖北迪洁膜科技有限责任公司签订合同，担任公司技术部经理。不仅如此，他还享有公司 1%的股权。武汉工程大学依照相关规定，将此次专利评估收益（2128 万元）的 90%，即 1915.2 万元奖给了研发团队（作为股份持有），另 10%由武汉化院科技有限公司代持。

5.5.4　不重视专利申请的后果

不重视专利申请，可能产生如下后果：

（1）专利内容易泄露后被他人窃取。

专利意味着一项技术创新，而技术创新可以帮助企业改善或是提升某项业务领域内的服务水准。唯有将这项发明申请为专利后，才能得到法律的有效保护。假若发明人没有申请专利，仅仅将它作为一项发明使用，此时这项发明的内容包括详细步骤、具体的实施方法等一旦被泄露出去，被他人盗取并使用，发明人既无法利用法律武器维护自己的权益，又会使自身陷入非常被动的不利局面。

（2）无法形成市场垄断，任何人都可模仿或直接使用。

一项高价值的好专利，发明人可以利用它为自身发展谋取巨大利益，甚至还可以用于打压、威慑竞争对手，形成自己的市场垄断。若未及时申请专利，一旦被他人知道了专利内容，就有可能会引发他人模仿或盗用的行为。如此一来，发明人不仅不能够很好地垄断市场，甚至还会成为他人发展的垫脚石，为他人做了嫁衣。

（3）有可能率先被他人申请为专利。

众所周知，我国遵循专利"在先申请"原则，即同一项发明，谁先申请专利就率先赋予谁专利权。

若发明内容泄露出去，被他人抢先申请了专利，那么专利权便会掌握在别人手中，原有发明人将无法在未经他人授权的情况下，继续使用自己的发明创造，除此之外别无选择，只能使自己变为非常被动的一方。

【**案例 5-5**】青蒿素基本专利的丧失。

2015 年 10 月 5 日，我国 85 岁女药学家屠呦呦，凭借着发现抗疟特效药—青蒿素摘得"诺贝尔生理学或医学奖"桂冠，成为首位获得诺贝尔科学类奖项的中国女科学家。然而，中国科学家在青蒿素药物研发过程中所犯的一系列知识产权相关决策错误，丧失原始专利申请权。

1977 年，屠呦呦所在的中国中医研究院等几家单位以"青蒿素结构研究协作组"名义在《科学通报》以"青蒿素结构研究协作组"的名义，发表了青蒿素的化学结构；1978 年 5 月，又以"青蒿素结构研究协作组"和中国科学院生物物理研究所的名义，发表了青蒿素结晶立体绝对构型的论文；1979 年，第二篇青蒿素化学结构的论文，以北京中药所和上海有机化学研究所科研人员署名发表于《化学学报》。我国相关人员陆续在国际各种学术刊物上发表公布了青蒿素的相关技术文献。专利授权的基本前提是"新的"，即在申请专利前，没有在其他途径公开过，因此，在发表了那么多文章后，我国科学家发现的抗疟特效药——青蒿素也因此失去了国际专利保护的机会。

没有人会因为发明人自己的失误而放弃进攻的机会。中国放弃了申请青蒿素基本技术专利，美国、瑞士等实力强大的研发机构和制药公司都根据中国论文披露的技术，在青蒿素人工全合成、青蒿素复合物、提纯和制备工艺等方面进行广泛研究，申请了一大批改进和周边技术专利，中国药企几经努力，时至今日，仍然在青蒿素相关技术上落后于美欧日，市场份额也集中在原料供应上。

6 TRIZ 理论应用

6.1 TRIZ 理 论

TRIZ 是世界应用最广泛的创新方法之一,其根据大量专利文献的规律总结出了冲突矩阵、技术进化定律、技术成熟度预测、失效预测原理等内容,为创新者提供参考。

TRIZ 理论认为,创造性问题是指包含至少一个矛盾的问题。在 TRIZ 理论中,工程中所出现的种种矛盾可以归结为物理矛盾、技术矛盾和管理矛盾三类。在专利的检索、分析、挖掘、布局、高价值专利组合应用中,技术矛盾和物理矛盾最具代表性和规律性。

解决问题时我们经常会发现,当改善系统某一方面的参数时会造成另外一方的情况产生恶化的后果,是由系统中的两个因素导致的,这两个因素是相互联系、相互作用的各种因素的综合体,这就是技术矛盾;当一个系统为了实现某功能,需要一子系统或元件具有某种特性,但同时出现了与此特性相反的特性,称为物理矛盾。TRIZ 流程概念图如图 6-1 所示。

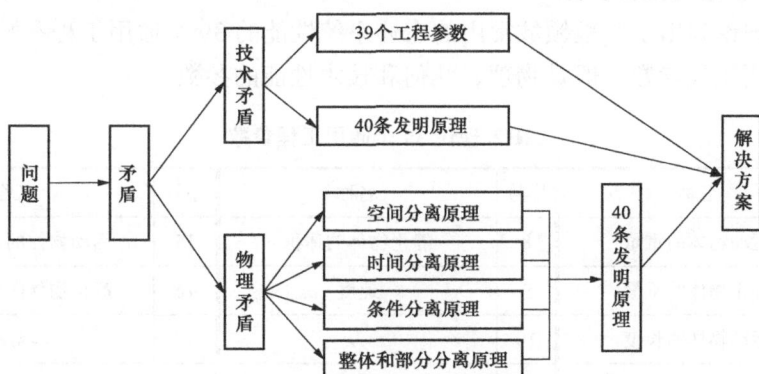

图 6-1 TRIZ 流程概念图

1. 40 条发明原理

在对大量专利进行分析的基础上,TRIZ 理论提出了 40 条发明原理,如表 6-1

所示。

表 6-1   **TRIZ 理论 40 条发明原理**

序号	原理名称	序号	原理名称	序号	原理名称
1	分割原理	15	动态特性原理	29	气压和液压结构原理
2	抽取原理	16	未达到或过度的作用原理	30	柔性壳体或薄膜原理
3	局部质量原理	17	空间维度变化原理	31	多孔材料原理
4	增加不对称性原理	18	机械振动原理	32	颜色改变原理
5	组合原理	19	周期性作用原理	33	均质性原理
6	多用性原理	20	有效作用的连续性原理	34	抛弃或再生原理
7	嵌套原理	21	减少有害作用的时间原理	35	物理或化学参数改变原理
8	重量补偿原理	22	变害为利原理	36	相变原理
9	预先反作用原理	23	反馈原理	37	热膨胀原理
10	预先作用原理	24	借助中介物原理	38	强氧化剂原理
11	事先防范原理	25	自服务原理	39	惰性环境原理
12	等势原理	26	复制原理	40	复合材料原理
13	反向作用原理	27	廉价替代品原理		
14	曲面化原理	28	机械系统替代原理		

2. 39 个通用工程参数

TRIZ 理论列出了工程领域常用的表述系统性能的 39 个通用工程参数（如表 6-2 所示），通用工程参数一般是物理、几何和技术性能的参数。

表 6-2   **TRIZ 理论 39 个通用工程参数**

序号	名称	序号	名称	序号	名称
1	运动物体的重量	8	静止物体的体积	15	运动物体的作用时间
2	静止物体的重量	9	速度	16	静止物体的作用时间
3	运动物体的长度	10	力	17	温度
4	静止物体的长度	11	应力，压强	18	照度
5	运动物体的面积	12	形状	19	运动物体的能量消耗
6	静止物体的面积	13	稳定性	20	静止物体的能量消耗
7	运动物体的体积	14	强度	21	功率

序号	名称	序号	名称	序号	名称
22	能量损失	28	测量精度	34	可维修性
23	物质损失	29	制造精度	35	适应性，通用性
24	信息损失	30	作用于物体的有害因素	36	系统的复杂性
25	时间损失	31	物体产生的有害因素	37	控制和测量的复杂性
26	时间损失	32	可制造性	38	自动化程度
27	可靠性	33	操作流程的方便性	39	生产率

39 个通用工程参数中常用到运动物体与静止物体两个术语。运动物体是指自身或借助于外力可在一定的空间内运动的物体；静止物体是指自身或借助于外力都不能使其在空间内运动的物体。

3. 技术矛盾矩阵

39 个通用工程参数可以用来描述技术系统中出现的绝大部分技术矛盾。通用工程参数之间可能存在技术矛盾，比如为解决某一技术问题，改善某一通用工程参数时恶化了另一通用工程参数，则这两个通用工程参数即为一对技术矛盾。

TRIZ 理论还将技术矛盾中的 39 个通用工程参数与 40 条发明原理通过技术矛盾矩阵（局部示意见表 6-3）建立了对应关系，很好地解决了设计过程中选择发明原理的问题。

表 6-3　　　　　　　　　　　　　　技术矛盾矩阵（局部）

改善	恶化				
	1	2	3	4	5
	运动物体的质量	静止物体的质量	运动物体的长度	静止物体的长度	运动物体的面积
1	—	—	15.8.29.34	—	29 .17 .38 .34
2	—	—	—	10 .1 .29 .35	—
3	8.15.29.34	—	—	—	15 .17.4
4	—	35.28.40.29	—	—	—
5	2 17.29.4	—	14．15.18.4	—	—

技术矛盾矩阵为 39 行 39 列形成的一个矩阵。矩阵元素中或空，或有几个数字。这些数字表示 40 条发明原理中推荐采用的原理序号，顺序的先后表示应用频率的高低，无数字的格表示无常用的发明原理。矩阵中的第一列所代表的通用工程参数是需改善的一方，第一行所描述的通用工程参数为矛盾中可能引起恶化的一方。

4. 常用的物理矛盾

在技术矛盾矩阵中，从左上角到右下角的对角线上，没有任何数字显示的空格里所表示的均属于物理矛盾。

物理矛盾可以根据系统所存在的具体问题，选择具体的描述方式来进行表达。总结归纳的物理学中的常用参数，主要有几何类、材料及能量类、功能类三大类。每个大类中的具体参数和矛盾如表 6-4 所示。

表 6-4   常见的物理矛盾

类别	物理矛盾			
几何类	长与短	对称与非对称	平行与交叉	厚与薄
	圆与非圆	锋利与钝	宽与窄	水平与垂直
材料与能量类	时间长与短	黏度高与低	功率大与小	摩擦系数大与小
	多与少	密度大与小	热导率高与低	温度高与低
功能类	喷射与堵塞	推与拉	冷与热	快与慢
	运动与静止	强与弱	软与硬	成本高与低

5. 分离原理

要解决物理矛盾，就有必要对矛盾的需求所涉及的参数，主要指空间、时间、形式、内容、结构和不同性质等进行选择，然后有必要找到一个适当的方式，改变所选的参数，让矛盾从对立走向统一，从而使得该矛盾得以解决。解决物理矛盾有空间分离原理、时间分离原理、条件分离原理、整体和部分离原理四大分离原理，其分别是将矛盾双方在不同的空间上、不同的时间段上、不同的条件下、不同的层次上进行分离，以降低解决问题的难度。

四个分离原理与 40 条发明原理之间是存在一定关系的。如果能正确理解和使用这些关系，就可以把四个分离原理与 40 条发明原理做一些综合应用，这样可以开阔思路，为解决物理矛盾提供更多的方法与手段。四个分离原理与 40 条发明原理之间的关系如表 6-5 所示。

表 6-5   分离原理与发明原理的关系

分离原理	发明原理
空间分离原理	1，2，3，4，7，13，17，24，26，30
时间分离原理	9，10，11，15，16，18，19，20，21，29，34，37
条件分离原理	1，7，25，27，5，22，23，33，6，8，14，25，35，13
整体和部分分离原理	12，28，31，32，35，36，38，39，40

下面举几个简单例子对四个分离原理做出解释说明：

（1）空间分离原理。教师讲课用的教鞭，在使用时希望它长，而在讲完课后又希望它短，能放到书包里带走。人们使用了发明原理 7，即嵌套原理，比较好地解决了这个问题，让教鞭能够呈嵌套形状，自由伸缩。

（2）时间分离原理。自行车在使用的时候体积要足够大，以便载人骑乘，在存放的时候体积要小，以便不占用空间。于是，人们利用了发明原理 15，即动态特性原理解决方案就是采用单铰接或者多铰接车身结构，让刚性的车身变得可以折叠，形成了当前比较流行的折叠自行车。

（3）条件分离原理。船在水中高速航行，水的阻力是很大的。作为水运工具的船必须在水中行进；而为了降低水的阻力、提高船的速度，船又不应该在水中行进。利用发明原理 35，即物理或化学参数改变原理，可以在船头和船身两侧预留一些气孔。以一定的压力从气孔往水里打入气泡。这样可以降低水的密度和黏度，因此也就降低了船的阻力。

（4）整体和部分分离。电话的物理矛盾是为了能保持通话，所以话机必须与电话机身连在一起，但为了在房间里任意地方接听电话或者接电话时可以随时走动，话机又不应该与电话机身连在一起。于是应用发明原理 28，即机械系统替代原理，人们发明了无绳电话，用电磁场连接代替了话机与机身之间电线的连接。

6.2　TRIZ 理论在专利检索中的应用

专利布局之前要对专利进行分析，而专利分析前的工作是专利检索，专利检索的结果直接影响专利分析，如果检索不合理，专利提供的信息就不能完全准确，对后续的专利布局产生影响。

在专利检索之前，阅读相关技术文献，了解相关产品的发展、技术等，确定搜索项，如国别、关键词等，然后根据各数据库的不同特点及自身需求选定需要的专利检索数据库，并根据对产品的初步了解抽取关键词及其同义词，通过关键词、同义词不同形式的组合进行初检，得到含有大量专利的初检结果，阅读初步检索得到的部分相关专利，提取准确关键词与相关领域的 IPC 号：结合精确关键词与具体 IPC 号进行二次检索，对检索结果进行无关、失效、重复专利的剔除（相同专利的发明专利与实用新型专利同时存在时，剔除实用新型专利），确定最终目标专利库。

所有专利的出现都是伴随着矛盾的解决，其中往往存在着一个具有较大意义的创新点，而 TRIZ 理论几乎描述了专利中的大多数矛盾问题；运用 TRIZ 理论可以大大提高技术创新的效率和发明创造的进程，而从 TRIZ 的核心思想可以看出，其理论本身提供了一种专利分类的思路，有助于构建新的专利检索系统。基于 TRIZ

的专利检索系统，通过 TRIZ 的发明原理、工程参数等建立分类，就可以在不同领域的专利文献中检索出相同发明原理或者技术参数的专利文献，有利于技术创新设计。

6.3　TRIZ 理论在专利分析中的应用

随着科技的日益发达和专利数量的不断增加，有效利用专利分析方法从海量的专利信息中获得有用的信息是非常重要的。专利分析能够分析研判现有技术的发展趋势，提出未来可能发展的方向，了解竞争对手及其他主体的市场情报。

常用的技术分析方法为技术功效矩阵分析，但由于对技术和功效的描述比较具体，总结出的内容普适性较弱，难以对创新者面临的现实具体问题产生指导作用。

在专利分析过程中引入 TRIZ 理论，提高已有专利文献分析结果的适用性，对其解决问题的技术方案进行上位概括，可以在专利分析中常见的技术—功效图的基础上，制作技术问题—技术原理图，总结出现有技术中在解决已有问题时采用的何种技术原理，在面对同样或类似的问题时，技术人员能够快速找出相关原理，进行结合、细化，得到更优化或者有创造性的技术方案。

较高程度的上位概括虽然能够极大地提升成果的适用性，但对使用人员的知识储备和方法的掌握程度要求较高，在实际应用中，在对现有的技术问题和采用的技术原理进行概括时，对原理的概括不必要完全参照 TRIZ 的发明原理，可以是相对下位但本领域技术人员更容易理解或者使用更多的技术原理，原则是本领域技术人员易于理解且能够据此得出具体的实施方案。结合 TRIZ 的专利分析的技术方案概括如表 6-6 所示。

表 6-6　　　　　　　　　结合 TRIZ 的专利分析的技术方案概括

分析类型	技术方案	示例
技术功效分析	具体手段	高温高压、温度控制、低温提取
结合 TRIZ 的专利分析	技术原理	温度对提取的影响
TRIZ	发明原理	35：参数变化

通过技术原理分析后，再遇到同样的技术问题时，创新人员能够快速找出现有技术已经使用的原理，结合自身的知识储备，找出新的原理或者对现有专利采用的技术原理进行组合，或者对某些原理的具体措施进行改进或扩展，这些都能够对创造更新、更优的技术方案给出快速指导。此外，对于同类的技术问题，也可以进行

适当的上位概括，概括成本质相同的一般问题，使创新人员进一步理解问题的本质。

在开展专利分析的实际工作中，可以将某个领域的现有技术方案按照一般问题－技术原理的方式总结，创建某个领域的一般问题－技术原理的知识库，为创新者提供参考，并将技术问题－技术原理分析作为专利分析项目的常规分析手段。

6.4 TRIZ 理论在专利挖掘中的应用

专利挖掘是指在技术研发或产品开发中，对所取得的技术成果从技术和法律层面进行剖析、整理、拆分和筛选，从而确定用以申请专利的技术创新点和技术方案。

1. 40 条发明原理在专利挖掘中的应用

通常，发明人提供的技术交底书中的技术方案比较简单，仅有一个产品的具体结构或者一个具体的制备方法，即单一的实施方式，对于只有单一实施方式的专利申请，其保护范围相对较窄，比较容易被他人尤其是竞争对手所规避，使得专利丧失阻挡他人实施的作用，这就需要从单一的实施方式中挖掘出多个实施方式，来对发明构思进行全面保护。TRIZ 理论的 40 条发明原理可以给出丰富的实施方式的启示，在其思路下进行创新方案扩展，进而获得较大的保护范围。

2. 技术矛盾矩阵在专利挖掘中的应用

技术矛盾矩阵在专利挖掘中应用很广泛，利用技术矛盾矩阵进行专利挖掘一般按照如下步骤进行：

（1）确定目标主题以及技术问题。技术问题可以是技术方案本身的缺陷导致的，也可以是从市场以及客户调研而来例如根据客户的需求、市场的反馈等。技术问题的表达一般不要过于专业化，以便于后面的步骤和矛盾的解决。

（2）将技术问题和技术效果表达为对应的通用工程参数。用 39 个通用工程参数来重新表达技术问题是整个步骤中的难点，需要研发人员对 39 个通用工程参数充分理解，并需要本领域丰富的专业技术知识做支撑。确定需要改善的特性，以及提升该需要改善的特性必然带来的恶化的特性，二者组成一对技术矛盾。在实践中，可以对该矛盾进行反向描述，假如改善一个被恶化的参数，判断被改善的参数是否也相应被削弱，从而确定技术矛盾是否判断准确。

（3）组建矛盾对，检索解决矛盾的发明原理。这一步只需要熟悉掌握查阅技术矛盾矩阵即可。

（4）发明原理具体化。将推荐的发明原理逐条地应用到具体问题上，探讨每个原理在具体问题上能否应用和实现。这个步骤同步骤（2）一样，也是整个步骤中的难点，需要对 40 条发明原理充分理解，以及具备本领域丰富的专业技术知识。一般情况下，解决某技术矛盾的发明原理不止一条，应该对每一条相应的原理进行解决技术矛盾方案的尝试。

（5）筛选可能实施的技术方案。从以上设计的技术方案中，来选择可能实施的技术方案，其判断的主要依据就是是否解决了步骤（1）中所提出的技术问题。如果没有取得可实施的技术方案，则应考虑步骤（2）是否真正地表达了技术问题的本质，反映了针对技术问题进行改进的方向。如果需要，可以重新设定技术矛盾，重复上述步骤。

3. 分离原理在专利挖掘中的应用

分离原理在专利挖掘中应用的规律性没有技术矛盾矩阵那么强，分离原理可以多方面给研发人员一定的启示，还需要结合本领域的技术知识和经验对矛盾进行具体的分析和解决。

6.5　TRIZ 理论在专利布局中的应用

专利布局就是通过专利的技术布局、时间布局、地域布局等多重布局，形成一系列彼此联系、相互配套的专利集合，构筑一张专利的立体保护网络。专利技术布局是专利布局中最为重要的部分，是以技术创新为核心的专利权布局。

在对专利进行技术布局的过程中，可以借助 TRIZ 中的矛盾解决理论来寻找新的解决方案。如现有技术的方案的不足、需要解决的问题，将这些需求定义为矛盾，矛盾分为物理矛盾和技术矛盾，判断矛盾类型，如果是技术矛盾，则按照技术矛盾矩阵和发明原理步骤进行分析，找出可以实现某一技术的全部技术方案；若是物理矛盾，选择合适的分离原理进行方案求解，分离原理与发明原理的对应可以提供解决问题的思路，找到可以实现的一种或者几种技术实现方式。具体步骤如下：

（1）分析专利方案，提取需求及目前存在的问题。

（2）将需求及问题转化为矛盾，判断矛盾类型。

（3）根据步骤（2）中矛盾的类型进行布局模式的选择。如果是技术矛盾，可以选择路障式布局方式，如果是物理矛盾，选择城墙式布局方式。

（4）对步骤（2）中提取到的矛盾进行具体分析，提取整体的技术矛盾或者物理矛盾。

（5）按照矛盾形式选取合适的解决问题的原理。如为技术矛盾，则用技术矩阵矛盾与发明原理进行转化，得到具体的方案；如为物理矛盾，则用分离原理进行转化，得到具体的方案。

（6）对方案进行分析和可行性评价，如可行，则方案布局成功，如不可能，则回到步骤（2）中进行进一步矛盾转化。

基于 TRIZ 理论矛盾分析的专利布局流程如图 6-2 所示。

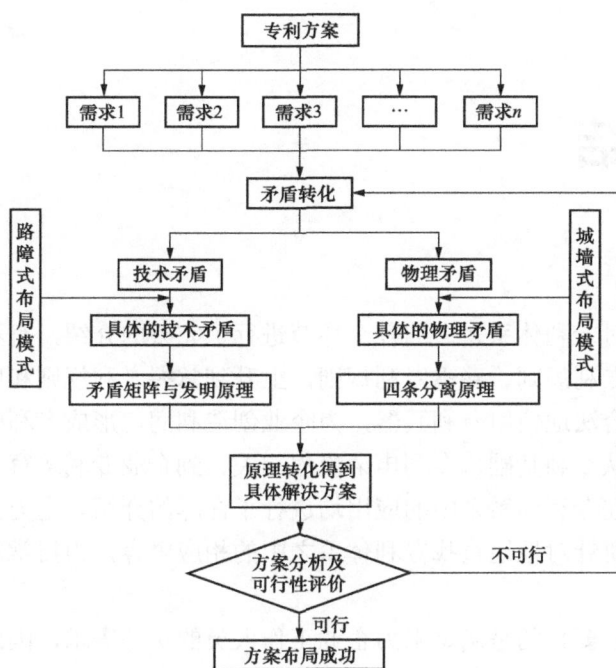

图 6-2 基于 TRIZ 理论矛盾分析的专利布局流程图

7 小结

　　本指导手册对专利体系之中的各个环节进行了完整的介绍，有利于电力企业的相关人员从了解专利规则、熟悉专利规则，上升到掌握专利规则和应用专利规则。有助于电力企业合法地使用专利武器，为企业创造利润，形成专利的正向循环。此外，本指导手册从专利基础、专利申请流程相关、到企业专利培育、专利管理实务以及 TRIZ 理论在专利体系之中的应用均进行了详尽的介绍。电力企业的相关人员可通过本指导手册针对性地查找专利体系之中的相应内容，为日常的实务工作提供帮助。

　　本指导手册主要目的是满足电力企业工作人员的实务需求，因此在研究深度上有一定的欠缺，可在后续的工作之中逐步增加和完善。

附录 A 专利检索网站

表 A-1	专利检索网站
中国	http：//cpquery.sipo.gov.cn/
	https：//www.rainpat.com/
	http：//www.soopat.com/
	https：//www.incopat.com/
	https：//www.zhihuiya.com/
	http：//cpquery.cnipa.gov.cn/
	http：search.cnipr.com/
	http：//www.cnpatent.com/
	http：so.baiten.cn/
	http：//www.info.gov.hk/ipd/
	http：//www.ipd.gov.hk
	http：//www.apipa.org.tw/
美国	https：//www.uspto.gov/patents
	https：//www.drugfuture.com/uspat/us_patent.asp
	http：//www.uspto.gov
	http：//patft.uspto.gov/
	http：//portal.uspto.gov/external/portal/pair
日本	https：//www.jpo.go.jp/
	https：//www.j-platpat.inpit.go.jp
韩国	http：//www.kipo.go.kr/en
	http：//eng.kipris.or.kr/
英国	http：//www.patent.gov.uk/
德国	http：//www.dpma.de/
欧洲	https：//www.epo.org/
	http：//www.european-patent-office.org/index.en.php
	http：//ep.espacenet.com/
	https：//register.epo.org/regviewer?lng＝en

加拿大	http：//cipo.gc.ca
澳大利亚	http：//www.ipaustralia.gov.au/patents/index.shtml
世界知识产权组织（WIPO）	http：//patentscope.wipo.int/search/en/search.jsf
PCT 国际专利检索网站	http：//www.wipo.int/patentscope/search/en/advancedSearch.jsf
	http：//www.wipo.int/pctdb/en/

附录 B 专 利 官 费

表 B-1	专 利 官 费	单位：元
（一）申请费		
1．发明专利		900
2．实用新型专利		500
3．外观设计专利		500
（二）申请附加费		
1．权利要求附加费从第 11 项起每项加收		150
2．说明书附加费从第 31 页起每页加收		50
从第 301 页起每页加收		100
（三）公布印刷费		50
（四）优先权要求费（每项）		80
（五）发明专利申请实质审查费		2500
（六）复审费		
1．发明专利		1000
2．实用新型专利		300
3．外观设计专利		300
（七）年费		
1．发明专利		
1～3 年（每年）		900
4～6 年（每年）		1200
7～9 年（每年）		2000
10～12 年（每年）		4000
13～15 年（每年）		6000
16～20 年（每年）		8000
2．实用新型专利、外观设计专利		
1～3 年（每年）		600
4～5 年（每年）		900
6～8 年（每年）		1200
9～10 年（每年）		2000

（八）年费滞纳金	
每超过规定的缴费时间 1 个月，加收当年全额年费的 5%	
（九）恢复权利请求费	1000
（十）延长期限请求费	
1．第一次延长期限请求费（每月）	300
2．再次延长期限请求费（每月）	2000
（十一）著录事项变更费	
1．发明人、申请人、专利权人的变更	200
（十二）专利权评价报告请求费	
1．实用新型专利权	2400
2．外观设计专利权	2400
（十三）无效宣告请求费	
1．发明专利权	3000
2．实用新型专利权	1500
3．外观设计专利权	1500
（十四）专利文件副本证明费（每份）	30

附录 C　知识产权保护中心

表 C-1 　　　　　　　　　知识产权保护中心（53 家）

北京市（2）			
中心名称	领域	地址	联系电话
中国（北京）知识产权保护中心	新一代信息技术和高端装备制造	北京市海淀区北四环西路 66 号中国技术交易大厦 2 层	010-62544288-853
中国（中关村）知识产权保护中心	新材料和生物医药	北京市海淀区成府路 45 号中关村智造大街 A 座	010-83454118

天津市（2）			
中心名称	领域	地址	联系电话
中国（天津）知识产权保护中心	新一代信息技术、新材料	天津市滨海新区高新区华苑产业区开华道 22 号普天创新园 2 号楼	022-23768809
中国（滨海新区）知识产权保护中心	高端装备制造和生物医药	天津市滨海新区洞庭北路与忻州道交口融汇商务园六区 1 号楼	022-66387907

河北省（1）			
中心名称	领域	地址	联系电话
中国（河北）知识产权保护中心	节能环保和高端装备制造	石家庄市体育南大街 316 号	0311-12330

陕西省（1）			
中心名称	领域	地址	联系电话
中国（西安）知识产权保护中心	高端装备制造	西安市凤城八路西北国金中心 B 座 23 层	029-89296280 029-86218501

山西省（1）			
中心名称	领域	地址	联系电话
中国（山西）知识产权保护中心	新能源、现代装备制造	山西综改示范区太原学府园区南中环街 529 号清控创新基地 D 座 12-13 层	0351-7030288/7030298

上海市（2）			
中心名称	领域	地址	联系电话
中国（浦东）知识产权保护中心	高端装备制造、生物医药、新一代信息技术	上海市浦东新区丹桂路 999 号 4 号楼	021-50186612/50186616
中国（上海）知识产权保护中心	新材料和节能环保产业	上海市杨浦区-杨树浦路 2294-2300 号知兴大厦	021-60526238

江苏省（7）			
中心名称	领域	地址	联系电话
中国（江苏）知识产权保护中心	高端装备产业、新型功能和结构材料		
中国（南京）知识产权保护中心	新一代信息技术和生物制药	南京市浦口区团结路 98 号扬子科创中心 B 座 18 楼	025-58188227
中国（苏州）知识产权保护中心	新材料和生物制品制造	江苏省苏州市工业园区金鸡湖大道 1355 号国际科技园 3 期 8 楼	0512-88182714
中国（无锡）知识产权保护中心	物联网和智能制造		
中国（徐州）知识产权保护中心	智能制造装备	徐州市经开区政务服务中心五楼	0516-87787817
中国（南通）知识产权保护中心	智能制造装备和现代纺织	南通市通州区新世纪大道 266 号江海智汇园 A2 六楼	0513-85361605
中国（常州）知识产权保护中心	机器人及智能硬件	江苏省常州市武进区科教城创研港 3 号楼 D 座 1 楼	0519-88010807

浙江省（3）			
中心名称	领域	地址	联系电话
中国（浙江）知识产权保护中心	新一代信息技术和新能源	浙江省杭州市西湖区文二路 218 号	0571-56788315
中国（杭州）知识产权保护中心	高端装备制造		
中国（宁波）知识产权保护中心	汽车及零部件制造	浙江省宁波市高新区研发园扬帆路 999 弄 B 区 3 号 6 楼	0574-87978973

广东省（6）			
中心名称	领域	地址	联系电话
中国（广东）知识产权保护中心	新一代信息技术和生物	广东省广州市先烈中路 100 号大院 60 栋 9-12 楼	020-31608608
中国（广州）知识产权保护中心	高端装备制造和新材料产业	广州市天河区天河北路 892 号 12 楼	020-38217376
中国（深圳）知识产权保护中心	新能源和互联网	深圳市南山区前海深港合作区桂湾四路前海深港基金小镇 33 栋 代办处地址：深圳市南山区学府路软件产业基地 4 栋 C 座 6 楼	0755-86268087
中国（珠海）知识产权保护中心	高端装备制造和家电电气	珠海市香洲区人民东路 125 号工商大厦 14 楼	0756-2622097
中国（汕头）知识产权保护中心	化工产业和机械装备制造	汕头市海滨路 12 号科技馆 12 楼	0754-88988261

中国（佛山）知识产权保护中心	智能制造装备和建材	广东省佛山市禅城区季华西路131号绿岛湖都市产业区B4栋1、6楼	0757-82212330

山东省（7）

中心名称	领域	地址	联系电话
中国（山东）知识产权保护中心	新一代信息技术和海洋科技	济南市历下区经十东路157号山东知识产权事业发展中心大楼504房间	12315 0513-88198585
中国（济南）知识产权保护中心	高端装备制造和生物医药	济南市历下区龙鼎大道龙奥大厦F区8层	12330-2
中国（潍坊）知识产权保护中心	光电、机械装备、化工、生物医药	山东省潍坊市寒亭区北海路与泰祥街交汇处总部基地东区5号楼七、八层	0536-7907662 0536-7907875
中国（东营）知识产权保护中心	石油开采及加工和橡胶轮胎	山东省东营市东营区南一路337号财金大厦	0546-8331615 0546-8336510
中国（烟台）知识产权保护中心	现代食品产业和机械装备制造	山东省烟台市莱山区山海路117号内1号烟台总部经济基地	0535-6722556
中国（淄博）知识产权保护中心	新材料产业		
中国（德州）知识产权保护中心	新材料和生物医药产业		

内蒙古（1）

中心名称	领域	地址	联系电话
中国（内蒙古）知识产权保护中心	生物和新材料产业		

辽宁省（2）

中心名称	领域	地址	联系电话
中国（辽宁）知识产权保护中心	新材料和新一代信息技术产业	沈抚改革创新示范区	
中国（沈阳）知识产权保护中心	高端装备制造	沈阳市和平区三好街96号同方广场B座24层	23897712

吉林省（2）

中心名称	领域	地址	联系电话
中国（吉林）知识产权保护中心	高端装备制造和生物医药产业	长春新区光机路与北湾中街交汇，长春北湖科技园产业3期K1栋	
中国（长春）知识产权保护中心	新一代信息技术和现代化农业		

黑龙江省（1）			
中心名称	领域	地址	联系电话
中国（黑龙江）知识产权保护中心	装备制造和生物	哈尔滨市南岗区黄河路 122 号	0451-87916612、87916615

福建省（3）			
中心名称	领域	地址	联系电话
中国（福建）知识产权保护中心	机械装备和电子信息产业		
中国（宁德）知识产权保护中心	新能源		
中国（泉州）知识产权保护中心	智能制造和半导体	泉州市丰泽区东海行政中心 B 栋 363 室	0595-12345

安徽省（1）			
中心名称	领域	地址	联系电话
中国（合肥）知识产权保护中心	新一代信息技术和高端装备制造	合肥市包河区云谷路 299 号	0551-62315023

江西省（2）			
中心名称	领域	地址	联系电话
中国（南昌）知识产权保护中心	中医药和电子信息	江西省南昌市湾里区梅岭大道招贤大楼	0791-82228883
中国（赣州）知识产权保护中心	新型功能材料和装备制造		

河南省（1）			
中心名称	领域	地址	联系电话
中国（新乡）知识产权保护中心	起重设备和电池	新乡市新飞大道南段高新区火炬园	0373-3050960

云南省（1）			
中心名称	领域	地址	联系电话
中国（昆明）知识产权保护中心	生物制品制造和智能制造装备	昆明市官渡区广福路与飞虎大道（巫家坝路）交叉口东侧昆明飞虎时代广场	

湖北省（1）			
中心名称	领域	地址	联系电话
中国（武汉）知识产权保护中心	光电子信息	武汉市汉口青年路 267 号	027-65697004

续表

湖南省（1）			
中心名称	领域	地址	联系电话
中国（长沙）知识产权保护中心	智能制造装备和新材料	湖南省长沙市岳麓区咸嘉湖西路麓谷企业广场 B8 栋广电计量大厦 6 楼	0731-82275668

海南省（1）			
中心名称	领域	地址	联系电话
中国（三亚）知识产权保护中心	海洋和现代化农业产业		

四川省（2）			
中心名称	领域	地址	联系电话
中国（四川）知识产权保护中心	新一代信息技术和装备制造	四川省成都市高新区天府五街 200 号菁蓉汇 7 号楼 8 层	028-86058635 028-62075100
中国（成都）知识产权保护中心	生物和新材料产业		

甘肃省（1）			
中心名称	领域	地址	联系电话
中国（甘肃）知识产权保护中心	先进制造和节能环保		

新疆（1）			
中心名称	领域	地址	联系电话
中国（克拉玛依）知识产权保护中心	石油开采加工和新材料产业	新疆克拉玛依市银河路 51 号	099-6258033 099-6236397

附录 D 推 荐 书 目

1. 魏保志. 专利检索之道［M］. 知识产权出版社，2019.

2. 那英. 企业创新与专利信息利用实务［M］. 2 版. 知识产权出版社，2017.

3. 马天旗. 专利分析：方法，图表解读与情报挖掘［M］. 2 版. 知识产权出版社，2021.

4. 马天旗. 专利分析：检索、可视化与报告撰写［M］. 知识产权出版社，2019.

5. 国家专利导航试点工程研究组. 专利导航典型案例汇编［M］. 知识产权出版社，2020.

6. 马天旗. 专利挖掘［M］. 2 版. 知识产权出版社，2020.

7. 马天旗. 专利布局［M］. 2 版. 知识产权出版社，2020.

8. Ronald D.Slusky. 发明分析与权利要求撰写：专利律师指南［M］. 2 版. 知识产权出版社，2020.

9. Donald S.Rimai. 专利工程：构建高价值专利组合与控制市场指南［M］. 知识产权出版社，2020.

10. 马天旗. 高价值专利筛选［M］. 知识产权出版社，2018.

11. 马天旗. 高价值专利培育与评估［M］. 知识产权出版社，2018.

12. 张勇. 专利预警：从管控风险到决胜创新［M］. 知识产权出版社，2015.

13. William Murphy. 专利估值：通过分析改进决策［M］. 知识产权出版社，2017.

14. 周胜生. 专利运营之道［M］. 知识产权出版社，2016.

15. 马天旗. 专利转移转化案例解析［M］. 知识产权出版社，2017.

16. 马天旗. 国外及我国港澳台专利申请策略［M］. 知识产权出版社，2018.

17. 诸敏刚. 海外专利实务手册：美国卷［M］. 知识产权出版社，2013.

18. Benjamin H.Hauptman. 美国专利申请撰写及审查处理策略［M］. 知识产权出版社，2020.

参 考 文 献

[1] 方坤富. "问题专利" 法律规制比较研究 [D]. 上海：复旦大学，2008.

[2] 专利号. 专利申请号标准 [J]. 电子知识产权，2003（9）：2.

[3] 王军峰. 专利与技术秘密的区别 [EB/OL].（2019-12-16）. http：//www.taodalawyer.com/
default/detail/4143/41.

[4] 佚名. 技术秘密与专利有什么区别 [J]. 涟钢科技与管理，2016（6）：1.

[5] 8 种策略，一次搞定专利申请 [EB/OL].（2019-01-16）. https：//qy.zynews.cn/wtyq/dt/zhdt/
2019-01-16/5915.html.

[6] 马天旗. 专利布局 [M]. 2 版. 北京：知识产权出版社，2020.

[7] 郭青. 浅析 CPC 分类体系 [J]. 中国发明与专利，2016（1）：5.

[8] 马天旗. 专利分析——检索、可视化与报告撰写（修订版）[M]. 北京：知识产权出版社，
2021.

[9] 张婧怡. 专利检索方法与技巧 [EB/OL].（2020-11-03）. https://zhuanlan.zhihu.com/p/271933480.

[10] 曾志华. 专利文献与信息检索 [M]. 北京：知识产权出版社，2013.

[11] 杨铁军. 专利分析实务手册 [M]. 北京：知识产权出版社，2012.

[12] 马天旗. 专利分析——方法、图表解读与情报挖掘 [M]. 2 版. 北京：知识产权出版社，
2021.

[13] 彭茂祥，李浩. 基于大数据视角的专利分析方法与模式研究 [J]. 情报理论与实践，2016，
039（007）：108-113.

[14] 马天旗. 专利挖掘 [M]. 2 版. 北京：知识产权出版社，2020.

[15] 方东. 企业专利挖掘之误区打破 [EB/OL].（2020-08-01）. https：//zhuanlan.zhihu.com/
p/166019533 .

[16] 谢顺星，高荣英，瞿卫军. 专利布局浅析 [J]. 中国发明与专利，2012，000（008）：24-29.

[17] 马天旗. 高价值专利培育与评估 [M]. 北京：知识产权出版社，2018.

[18] 马天旗. 高价值专利筛选 [M]. 北京：知识产权出版社，2018.

[19] 邓亚君. 专利信息分析方法在专利预警中的应用研究 [D]. 武汉：华中科技大学，2016.

[20] 王磐音. 基于专利信息分析的专利预警理论研究 [J]. 河南科技，2020，39（27）：58-60.

[21] 杨馥瑜. 利用专利信息分析做好企业专利预警的若干思考 [J]. 科技资讯，2017，15（13）：
106-107.

[22] 徐兴祥. 专利侵权判定研究 [D]. 北京：中国政法大学.

[23] 王静怡. 专利侵权判定原则适用研究 [D]. 甘肃政法学院.

［24］关于企业专利侵权风险评估［EB/OL］.（2018-03-21）. https：//wenku.baidu.com/view/35bb6 f6d5b8102d276a20029bd64783e08127d6a.html.

［25］刘峰，曹光明. 中国煤炭行业知识产权发展报告［M］. 北京：知识产权出版社，2020.

［26］邹瑜，顾明. 法学大辞典［M］. 北京：中国政法大学出版社，1991.

［27］孙习亮，任明. 专利技术质押融资模式案例探析［J］. 财会通讯，2021（06）：147-150.

［28］李晓静. 企业专利与技术标准结合战略的探讨［J］. 电器工业，2012（02）：56-58.

［29］杨玉美. 基于 TRIZ 的专利布局方法研究及应用［D］. 天津：河北工业大学，2017.

［30］李更，范文，赵今明. TRIZ 创新流程与专利检索系统的结合探索［J］. 情报杂志，2013，32（02）：79-81.

［31］杨鑫超，张玉，杨伟超. TRIZ 在高价值专利培育工作中的创新应用研究［J］. 情报杂志，2020，39（07）：54-58＋86.